CYNTHIA BARCOMI'S
KOCHBUCH FÜR FESTE

Mosaik bei
GOLDMANN

You're invited

INHALT

EINLADUNG ZUM FEIERN 6

WAS SIE IN DER KÜCHE BRAUCHEN 10

BUFFET
Brunch · Geburtstag · Silvester 14

FÜR 2
Verführung · Sonntagsfrühstück zu zweit · Hochzeitstag 48

FÜR 4
Schwiegermutterbesuch · Zwei mal zwei 70

FÜR 6 & MEHR
Seder · Ostern 90

FEIERN MIT KINDERN
Muttertag · Vatertag 114

DRAUSSEN FEIERN
Grillen · Picknick 126

THANKSGIVING & WEIHNACHTEN
Truthahn & Co. · Weihnachtsessen 152

REGISTER 172

EINLADUNG ZUM FEIERN

Bei Festen und Feiertagen geht es um Traditionen – althergebrachte, die wir genossen und übernommen haben, und neue, die wir entdecken und zu unseren eigenen machen. Im Mittelpunkt stehen das wunderbare Essen, die Freunde, die Familie und die Freude am Planen und Zubereiten des Festmahls für diesen besonderen Anlass.

Das mit der »Freude« kann ich gar nicht genug betonen. Von dem Augenblick an, an dem bei Ihnen die Idee für die Feier entsteht, sollten Sie – wie bei einer Reise – Spaß am Planen und Vorbereiten haben, und zwar bis zu dem Tag, an dem das große Ereignis stattfindet, auch wenn es zwischendurch etwas stressig werden kann. Das heißt planen Sie ein Menü, das Sie gerne essen, wählen Sie das passende Essen für den gegebenen Anlass aus, und laden Sie die Gäste ein. Je besser Sie planen, desto mehr Freude werden Sie haben – angefangen beim Einkaufen übers Schneiden und Kochen bis hin zum Servieren – genau so, wie Sie sich diesen besonderen Moment vorgestellt haben.

Manche Anlässe sind eher spontan, etwa ein sonntägliches Frühstück zu zweit; während bei anderen, beispielsweise bei einem Thanksgiving Dinner, mehr dahintersteckt als nur das rechtzeitige Abschicken der Einladungskarten, zum Beispiel Ihre ganz eigenen Vorstellungen von dem traditionellen Festmahl. Planung heißt, nicht nur als Sklave in der Küche zu stehen, sondern auch sich die Zeit gut einzuteilen, damit Sie wissen, wann was zubereitet werden muss: Rechnen Sie ab dem Eintreffen Ihrer Gäste rückwärts bis zu dem Augenblick, an dem Sie mit den Vorbereitungen beginnen müssen. So können Sie sicher sein, dass auch Sie das Mahl genießen werden.

Einladung zum Dinner

Ich erinnere mich an meine allererste Dinnerparty in Berlin. Ich war 22 Jahre alt und wohnte mit meinem guten Freund Harry zusammen. Wir hatten uns sechs Jahre zuvor in Harvard kennen gelernt. Er studierte Germanistik (ein kluger Junge), während ich mich für politische Philosophie und Soziologie eingeschrieben hatte (was ich mir wohl dabei gedacht habe?). Wir hatten mehr Leute eingeladen, als wir auf elegante Weise platzieren konnten, das heißt manche saßen auf Schreibtischstühlen mit Rollen, andere auf klapprigen Hockern, kaum hoch genug, um über die Tischkante zu gucken. Wir hatten nicht genug Suppenschüsseln für den ersten Gang (eine soupe au pistou), so dass einer die Suppe aus einer Kaffeekanne löffeln musste. Aber das war egal. Das Essen schmeckte, und die Gäste und wir fühlten uns wohl. Wir amüsierten uns prächtig! Und das ist einfach viel wichtiger als passende Suppentassen.

Jetzt habe ich meine eigene Familie, meine Küche ist ein bisschen besser ausgestattet, und ich verfüge über einen reichen Erfahrungsschatz. Und trotzdem, nichts kann gutes Essen und tolle Gäste ersetzen.

Wie viele Gäste?

Bis zu 6 Personen sind für eine Dinnerparty im Freundeskreis ideal, ein Essen, das ich zubereiten kann, während ich ein Dutzend anderer Dinge erledige. Mehr als sechs Gäste erfordern mehr Planung: Welche Speisen können warten, falls jemand zu spät kommt, wen setze ich nebeneinander? Das Schlimmste, was einem Gast bei einem Abendessen mit mehr als 6 und weniger als 10 Leuten passieren kann, ist, neben jemandem zu sitzen, mit dem er nichts gemein hat, wenn die Wellenlänge einfach nicht stimmt.

Am einfachsten von allen Festen ist ein »Bash«, eine Party mit mehr als 10 Leuten. Das ist die gradlinigste Party überhaupt: Es gibt ein Buffet, keine Sitzordnung, keinen Anfang, kein Ende und kein Herumgeeiere, um alles zum richtigen Zeitpunkt fertig zu haben, denn alles ist auf Platten angerichtet. Nichts soll wirklich heiß oder richtig kalt sein, und alle, besonders die Gastgeber, können sich wunderbar unterhalten.

Die Hauptanlässe: große und kleine Partys

Silvesterparty, Brunch, Geburtstage und Grillfeste im Sommer: Die Leichtigkeit des Buffets

Keine Angst vor großen Partys! Einfach das passende Essen auswählen und die Angelegenheit in ein Buffet verwandeln. Wenn Sie möchten, können Sie das Essen über mehrere Tage hinweg vorbereiten und die Gerichte so auswählen, dass die Leute stehend mit dem Glas in der Hand essen und sich dabei gut unterhalten können. Verzichten Sie auf Besteck, außer Kuchengabeln. Mit denen kommen die meisten gerade noch zurecht, und ein großartiges Dessert ist die Krönung jeder fantastischen Party.

Intimität: Mahlzeiten nur für Sie beide

Ich koche sehr gern für meinen Mann, und noch besser gefällt mir, wenn er für mich kocht. Es muss nichts besonders Elegantes sein, das den Koch zu lange an die Küche bindet. Wir wissen schließlich alle, dass es Besseres gibt, als zu viel Zeit in der Küche zu verbringen. Bei einem intimen Dinner geht es um das gemeinsame Genießen. Ein bisschen Zweisamkeit ist viel wert, und in einer Zeit, in der alle immer viel zu tun haben, ist es wichtig, dass ein Paar

das Feuer schürt, wie wir sagen, manchmal eben auch ohne die Kinder ...

2 x 2 macht ein Dinner für 4

Früher sind wir mit unseren Freunden zum Essen ausgegangen, bis es irgendwann einfach zu kompliziert wurde, mit den Kindern und den Babysittern, so dass wir anfingen, unsere Freunde zum Essen chez nous (zu uns nach Hause) einzuladen. Zu unserer Überraschung stellten wir fest, dass wir besser kochen, als man in den meisten Restaurants essen kann. Wir sind entspannter und der Abend macht mehr Spaß, egal, ob wir zu Freunden gehen oder sie zu uns kommen. Es ist persönlicher, und wir können die Dinge nach unserem Gusto gestalten. Ein Hallelujah für die Häuslichkeit!

Essen mit Kindern

Mit den Kindern eine große Sache aus dem Mutter- oder Vatertag zu machen, gehört einfach zu den elterlichen Pflichten, finde ich. Auch hier geht es vor allem wieder darum, sich Zeit zu nehmen, nachzudenken und das Fest zu planen. Die Kinder machen nur zu gerne mit, und die meisten hantieren sehr gern mit Lebensmitteln! Zeigen Sie ihnen einfach nur wie's geht, und passen Sie dabei auf, dass nichts anbrennt.

Große Feste zu Feiertagen wie Thanksgiving, Weihnachten, Ostern und Pessach

Stellen Sie sich der Herausforderung, und schaffen Sie Ihre eigenen Traditionen. Manche von uns sind in Familien aufgewachsen, bei denen wunderbar gespeist wurde, andere in Familien, die kaum Wasser kochen konnten. Wir gehören einer Generation an, die zum Kochen entweder nicht genügend Zeit hat oder gar nicht weiß, wie man's richtig macht. Das wird ab heute anders! Sie brauchen nur ein bisschen Fantasie, ein paar Küchengerätschaften und Begeisterung für Experimente – voilà! Sie sind auf dem besten Weg. Es gibt Gerichte, die in meiner Kindheit Teil der Familienfeiern waren, die ich mehr oder weniger gern aß. Ich habe das, was mir schmeckte, verbessert, das, was ich nicht mochte, einfach weggelassen und neue Gerichte entwickelt, in denen sich der Ess- und Lebensstil meiner Familie spiegelt. Für Sie und Ihre Familie, mit oder ohne Kinder, sind Feiertage mit besonderen Speisen ein willkommener Anlass, das Zusammensein zu zelebrieren. Und darum geht es vor allem.

Viel Spaß mit meinem neuen Buch!

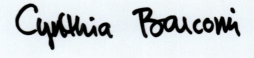

WAS SIE IN DER KÜCHE BRAUCHEN
Ausstattung

In der Schlacht um eine gelungene Mahlzeit ist die Ausstattung Ihrer Küche die halbe Miete. Improvisation kann ja durchaus Spaß machen, aber wenn Sie haben, was Sie brauchen, funktioniert es einfach besser.

Eine gute Küchenausstattung kommt nicht über Nacht. Sie ist eine Investition, die Zeit braucht. Gehen Sie in einen Küchenladen oder in ein großes

Kaufhaus mit einer gut sortierten Haushaltswarenabteilung, und sehen Sie sich um. Sie brauchen nicht alles sofort. Es ist hilfreich, mit jemandem zu reden, der Erfahrung hat und die Vor- und Nachteile verschiedener Hersteller und Materialien kennt.

Hier eine Liste meiner persönlichen Lieblingsfabrikate – und glauben Sie mir, ich habe schon viele Küchengeräte hinter mich gebracht. Es gibt so viel Küchenzubehör, dass einem ganz schwindelig werden kann. Manches davon ist einfach nur albern (ein Avocadoschäler???), anderes dagegen wird sich zu Ihrer besten Freundin in der Küche entwickeln (bei mir: KitchenAid samt Zubehör). Es zahlt sich aus, auf teure Geräte zu sparen, denn oft sind sie tatsächlich besser, und Sie müssen sie nur einmal kaufen. Viel Spaß beim Aussuchen Ihrer Küchenhelfer – Ihre Sammlung wird von Feier zu Feier wachsen.

- **1 Backform** aus Keramik oder Glas, 24 x 32cm. Achten Sie darauf, dass Sie beim Backen die richtige Größe einsetzen. Ganz wichtig!
- **1 großes Schneidebrett** aus Holz. Es wird ein Leben lang halten. Ich ziehe Holz definitiv denen aus Plastik vor.
- **1 gusseiserne Bratpfanne** – und ich meine damit *keine* beschichtete! Es ist mir Ernst, halten Sie sich von den beschichteten fern. Sie können ungesund sein und leiten die Hitze einfach nicht so wie eine richtige Bratpfanne. Ich liebe die von Le Creuset und habe mehrere in verschiedenen Größen.
- **2 große Töpfe.** Für Spaghetti oder Spargel bevorzuge ich einen hohen Topf (ø 20 cm, 5,2 l), während sich ein niedriger (ø 24 cm, 4,6 l) für Saucen und Suppen eignet. Ich liebe die Profi-Edelstahltöpfe von Fissler.
- **2 Siebe,** ein feines zum Sieben von Mehl und ein großes, das sich zum Abgießen von Pasta oder Gemüse eignet.
- **Backbleche.** Nicht nur für Plätzchen, sie eignen sich auch zum Rösten von Gemüse.
- **Bain Marie** (Wasserbad), um Schokolade zu schmelzen. Sie mögen das für Luxus halten, es ist aber eine idiotensichere Art, Schokolade zu schmelzen und sieht einfach klasse aus. Ich liebe das aus Kupfer und Porzellan von Mauviel.

- **Bräter mit Rost.** Wenn Ihr Ofen groß genug ist, 30 x 40 cm. Ich mag die aus Edelstahl von Mauviel.
- **Dampfdruckkochtopf.** Nicht nur für Hülsenfrüchte höchst nützlich, er kocht Ihnen auch Kartoffeln im Nu. Meiner ist seit Jahren im Einsatz.
- **Digitalwaage.** Präzision bleibt Präzision.
- **Elektrischer Handmixer.** Den verwende ich zusätzlich zur KitchenAid. Küchenhelfer kann man gar nicht genug haben.
- **Gemüseschäler.** Es gibt so viele verschiedene – Sie entscheiden, welcher Ihnen am besten in der Hand liegt.
- **Gummispachtel.** Damit lässt sich nicht nur gut Teig rühren, sondern sie taugen auch für Saucen, Aufstriche und was Ihnen sonst noch so einfällt.
- **Gusseiserner Schmortopf,** möglichst ein großer. Wunderbar für die Zubereitung von Suppen und Eintöpfen auf dem Herd. Ideal auch im Ofen. Le Creuset macht die besten.
- **Holzlöffel.** Versuchen Sie, die für Süßes von denen für Herzhaftes getrennt zu halten. Schokolade und Knoblauch passen nun wirklich nicht zusammen.
- **Kartoffelpresse.** Macht den besten Kartoffelbrei. Es gibt nichts Vergleichbares.
- **KitchenAid.** Ich weiß, sie ist teuer, aber die Investition lohnt sich. Schauen Sie sich um, manchmal gibt es sie sogar im Sonderangebot. Ich habe die große K5. Ein ziemliches Geschoss!
- **Küchenmaschine (Food Processor).** Ist auch *kein* Luxus, sondern ein Muss. Ich liebe die von KitchenAid. Dafür gibt es einen Haufen Zubehör, was mir viel Zeit erspart.
- **Küchenwecker.** Ist und bleibt eins der wichtigsten Geräte in meiner Küche. Ich habe einen von Zyliss, der fünf Minuten, bevor etwas fertig ist, zum ersten Mal klingelt.
- **Messbecher** für Flüssigkeiten.
- **Messer & Wetzstahl.** Gute Messer sind eine Investition fürs Leben. Passen Sie drauf auf, schärfen Sie es regelmäßig, und tun Sie es *niemals* in die Geschirrspülmaschine.
- **Mörser.** Wunderbar, um Pesto zu machen und Gewürze zu zerstoßen.
- **Pfeffermühle.** Peugeot macht großartige.
- **Rührschüsseln,** groß und klein. Edelstahl ist vom Material her am besten geeignet, weil er nicht porös ist (im Gegensatz zu Plastik) und weder Geruch noch Farbe annimmt. Ich liebe die von Rösle.
- **Salatschleuder.** Bei uns steht immer eine im Kühlschrank, voll Salat, der nur darauf wartet, angemacht zu werden.
- **Schneebesen,** einen großen, einen kleinen. Wunderbar, um ein Dressing zusammenzurühren oder die trockenen Zutaten beim Backen. Ich liebe die von Rösle.
- **Springformen** zum Backen, ø 24 cm. Versuchen Sie, keine schwarzen zu kaufen. Sie haben die Tendenz, alles viel zu schnell zu backen.
- **Topflappen.** Im Gebrauch viel unkomplizierter als Geschirrtücher, schließlich ist es wichtig, dass Sie Hände und Arme schützen. Mit Verbrennungen ist nicht zu spaßen. Ich mag die Topflappen von Le Creuset.
- **Vierkantreibe.** Das eine Ding, das ich auf die einsame Insel mitnehmen würde. Ideal zum Raspeln von Karotten für einen Salat, und auf der feinen Seite lassen sich die Schalen von Zitrusfrüchten wunderbar reiben.
- **Zangen.** Wahre Lebensretter und wirklich das Einzige, was beim Braten von Hühnchen oder Fleisch zum Einsatz kommen sollte, von Auberginen ganz zu schweigen.

WAS SIE IN DER KÜCHE BRAUCHEN

Zutaten

Wenn eine gute Küchenausstattung die halbe Miete ist, dann ist die wohl gefüllte Speisekammer die andere Hälfte. Freiheit und Voraussicht gehen Hand in Hand. Mit der Freiheit, augenblicklich spontan kochen zu können, worauf Sie gerade Lust haben, geht einher die Voraussicht, damit Sie nicht erst einkaufen gehen müssen. Es macht mir großen Spaß, vor dem Kühlschrank zu stehen, nachzusehen, was da ist und dann damit etwas zu zaubern, was meiner Familie schmeckt. Wer hat denn schon die Zeit, jeden Tag einkaufen zu gehen?

Hier eine Liste mit Grundnahrungsmitteln. Sie funktioniert ähnlich wie ein Kleiderschrank voller Klamotten, die Sie mal so, mal so kombinieren können, um ein ganz neues Outfit zu kreieren ...die Inspiration kommt dabei von Ihnen.

- **Backpulver.**
- **Balsamico und/oder Rotweinessig.** Sie verleihen Saucen und Salaten ein wunderbares Aroma. Alte, gereifte Essige haben ein ganz besonderes Aroma. Sie können Kräuteressig ganz leicht selber herstellen, indem Sie einfach ein paar Zweige frische Kräuter mit in die Flasche geben. Estragon, Thymian oder Basilikum schmecken beispielsweise großartig. Und so zum Spaß können Sie auch eine Schalotte mit hineinwerfen.
- **Bio-Zitronen und -Orangen,** stets einsatzbereit zum Auspressen und Schale abreiben.
- **Butter,** ungesalzen. Backen oder kochen Sie nie mit gesalzener Butter, es ist zu schwierig, den Salzgehalt richtig einzuschätzen.
- **Chili-Schoten,** Peperoncini, getrocknet. Wunderbar, wenn sie leicht zerstoßen werden, aber seien Sie vorsichtig und reiben Sie sich hinterher nicht Augen oder Nase. Es brennt!

- **Dosentomaten.** Die besten sind San-Marzano-Tomaten.
- **Eier.** Um ein Ei zu testen, vergewissern Sie sich, dass es in Wasser nicht schwimmt. Wenn das Eiweiß sehr glibberig ist, ist es wirklich frisch. Wenn Sie Eier trennen, um Eiweiß zu schlagen, achten Sie darauf, dass Ihre Schüssel 100 % fettfrei ist und dass kein Eidotter im Eiweiß landet. Wischen Sie die Schüssel fürs Eiweiß mit Essig und Salz aus, das wird Ihr Eiweiß beim Schlagen stabilisieren. Es riecht zwar nicht so toll, sorgt aber dafür, dass das Eiweiß nicht körnig wird.
- **Gewürze** wie Zimt, Muskat, Nelken, gemahlener Ingwer, Kardamom, Koriander usw. Je mehr Gewürze Sie haben, desto größer Ihre Freiheit, jederzeit ganz unterschiedliche Gerichte zu kochen!
- **Honig.** Ich koche mit normalem Kleehonig, aber wenn es darum geht, ihn pur zu genießen, sollten Sie eine der wunderbaren Honigsorten von kleinen Imkern probieren.
- **Mais- oder Kartoffelstärke.** Zum Backen oder zum Andicken von Saucen.
- **Meersalz.** Meersalz hat ein zauberhaftes Aroma und ist beim Kochern viel interessanter als durchschnittliches Supermarkt-Speisesalz.
- **Mehl.** Verwenden Sie 405er zum Kuchenbacken und 550er zum Backen von Brot. Ich finde es noch immer schwierig, mit Weizenvollkornmehl gute Ergebnisse zu erzielen, weil der Teig ein bisschen zu schwer wird. Überlassen Sie das lieber Ihrem Bio-Bäcker.
- **Natron.** Wenn es noch nicht in Ihrem Supermarkt oder Naturkostladen zu haben ist, finden Sie es in Apotheken und Drogerien.
- **Nüsse und Kerne** wie Pinienkerne, Haselnüsse, Walnüsse usw. Wenn Sie meinen, dass Sie die

Nüsse nicht bald verbraucht werden, legen Sie sie ins Gefrierfach, dort werden sie nicht so schnell ranzig.

- **Oliven,** schwarz oder grün. Kaufen Sie französische, italienische oder griechische. Sie halten sich lange im Kühlschrank, und damit haben Sie immer eine ganze Welt von möglichen Antipasti zur Hand. Achten Sie darauf, dass Sie nicht die gummiartigen, in Lake abgefüllten Oliven kaufen, die sind nämlich geschmacksneutral.
- **Olivenöl** extra vergine.
- **Pfeffer,** frisch gemahlen. Ich mag die bunten Pfefferkörner und eine richtige Pfeffermühle. Vergessen Sie fertig gemahlenen Pfeffer.
- **Pflanzenöl.** Verwenden Sie Raps- oder Sonnenblumenöl als neutrales Öl.
- **Sirup** (Grafschafter Goldsaft), auch bekannt als der Lebensretter! Ich liebe dieses Zeug. Kein sehr eingängiger Name, aber so vielseitig beim Backen einsetzbar und wunderbar, um Saucen zu süßen.
- **Sojasauce.** Mir ist die helle Version lieber.
- **Tomatenmark** aus der Tube.
- **Trockenhefe.** Sie hält sich jahrelang.
- **Vanillezucker** (ein Gefäß mit Zucker, in das Sie einige Vanilleschoten stecken). Immer besser als das künstliche Vanillin, das man meiden sollte.
- **Zartbitterschokolade.** Naschkatzen sollten immer ein paar Riegel zur Hand haben.

Ein Wort zu Sahne, Butter, Zucker, Schokolade

Es stimmt, dass diese Zutaten viele Kalorien enthalten, aber versuchen Sie nie, sie durch etwas mit einem niedrigeren Fettgehalt zu ersetzen, genießen Sie stattdessen einfach eine kleinere Menge von dem, was Sie zubereiten.

Zutaten ersetzen und Motivation

Wenn Sie etwas aus diesem Buch kochen möchten, dann versuchen Sie, meinem Rezept so genau wie möglich zu folgen. Ganz besonders gilt dies fürs Backen, und achten Sie auf die Größe der Backformen. Vielleicht mögen Sie es salziger oder würziger, als in einem bestimmten Rezept angegeben, dann tun Sie sich keinen Zwang an: Go for it! Sollten Sie aber gerade nicht die Zeit und Energie für ein bestimmtes Rezept oder Menü haben, heben Sie es sich für ein andermal auf. Versuchen Sie's erst gar nicht, wenn Sie nicht mit dem Herzen dabei sind. Ich koche schon fast mein ganzes Leben lang und noch immer gelingt es mir nicht, wirklich überzeugend zu sein, wenn ich nicht ganz bei der Sache bin.
Die wichtigste Zutat einer jeden Mahlzeit ist ein glücklicher Koch!

BUFFET
- Brunch
- Geburtstag
- Silvester

THREE SPREADS

Drei Aufstriche

Ich habe gern Platten mit Antipasti auf dem Büffet: geschnittener San-Daniele-Schinken und Fenchelsalami, Artischockenherzen, Schüsselchen mit Oliven usw. Die folgenden Aufstriche ergänzen Ihre Platten und passen hervorragend zu den Brötchen aus Harry's Bar.

Ca. 1 kg, etwa 15 Portionen

LACHS SPREAD
200 g Räucherlachs oder Graved Lachs
2 Packungen Philadelphia-Frischkäse
   (400 g), Zimmertemperatur
1 EL Sauerrahm
1 EL Zitronensaft
1 TL Meerrettich
frischer Dill nach Geschmack

SMOKED TROUT SPREAD
200 g geräucherte Forellenfilets
2 Packungen Philadelphia-Frischkäse
   (400 g), Zimmertemperatur
4 EL Sauerrahm
1 TL Meerrettich
2 Frühlingszwiebeln, fein gehackt
frischer Dill nach Geschmack

**DRIED TOMATO & HERB
SPREAD**
2 Packungen Philadelphia-Frischkäse
   (400 g), Zimmertemperatur
1 große Handvoll getrocknete Tomaten
   in Öl, sehr fein gehackt oder in der
   Küchenmaschine zerkleinert
1 Knoblauchzehe, fein gehackt
1 kleine rote Zwiebel, fein gehackt
1 Bund frische Basilikumblätter
einige frische Thymianblätter, wenn
   zur Hand
1 kleine getrocknete Chili (nach
   Belieben)

LACHS SPREAD – Lachscreme

1 Den Lachs entweder in Handarbeit mit dem Messer fein hacken oder alle Zutaten in die Küchenmaschine oder den Mixer geben und alles gut vermengen.

2 Den Dill mit dem Messer hacken und mit einem Holzlöffel unter die Creme mischen. In eine Servierschüssel füllen, zudecken und vor dem Servieren kalt stellen. Hält sich einige Tage im Kühlschrank.

SMOKED TROUT SPREAD – Forellencreme

1 Die Forellenfilets entweder in Handarbeit fein hacken oder alle Zutaten in die Küchenmaschine oder den Mixer geben und alles gut vermengen.

2 Die Frühlingszwiebeln und den Dill hacken und mit einem Holzlöffel unter die Masse heben. In eine Servierschüssel füllen, zudecken und vor dem Servieren kalt stellen. Hält sich einige Tage im Kühlschrank.

DRIED TOMATO AND HERB SPREAD – Aufstrich mit getrockneten Tomaten und Kräutern

1 Alle Zutaten in einer großen Schüssel mischen. Das geht am besten mit der Hand, so kann man sich am besten vergewissern, dass alles gut durchgemischt ist.

2 In eine Servierschüssel geben, zudecken und vor dem Auftragen kalt stellen. Hält sich viele Tage im Kühlschrank.

CAPONATA

Caponata

Caponata ist eine sizilianische Gemüsespezialität, die heiß, kalt oder bei Zimmertemperatur genossen werden kann. Ich liebe die Zusammensetzung und den süß-sauren Geschmack dieses Gerichtes. Es passt wunderbar zu jedem Fleisch, ist aber auch perfekt nur auf sich gestellt. Ein wahres Juwel!

12 Portionen

ZUTATEN
3 große Auberginen
4 EL Olivenöl
2 große Zwiebeln, in feine Ringe
  geschnitten
3 EL Zucker
1 TL Salz
100 ml Sherryessig oder Weißweinessig
6 Stangen Sellerie, der Länge nach
  halbiert und in ca. 6 cm lange Streifen
  geschnitten
1 große Dose italienische Eiertomaten,
  abgetropft
4 Anchovisfilets, abgespült und fein
  gehackt (nach Belieben)
1 kleine Handvoll (30 g) Kapern, gut
  abgespült
1 kleine Handvoll (60 g) gehackte,
  schwarze Oliven (entsteint)
4 EL Pinienkerne (30 g)
4 EL Korinthen (40 g)
1 große Handvoll Petersilie, fein
  gehackt plus mehr zum Garnieren
Salz
Pfeffer

1 Schälen Sie die Auberginen, wenn Sie möchten, und schneiden Sie sie. Mir sind Streifen in Fingergröße (ca. 1,5 x 4 cm) am liebsten. Die Streifen in ein Sieb geben, salzen und etwa 45 Minuten abtropfen lassen (entfernt Bitterstoffe und überschüssige Flüssigkeit). In der Zwischenzeit widmen Sie sich der restlichen Caponata.

2 Das Olivenöl in einem großen Topf erhitzen und die Zwiebeln mit Zucker und Salz über mittlerer Flamme anbraten. Sobald sie glasig sind, den Essig dazugeben und etwas einkochen. Dann kommen die Selleriestangen, gefolgt von den Tomaten, die Sie zwischen den Fingern zerquetschen, bevor sie im Topf landen.

3 Jetzt kommen die gehackten Anchovis, die Kapern, Oliven, Pinienkerne und Korinthen dazu.

4 Das Ganze etwa 25 Minuten über mittlerer Flamme schmoren lassen, um den Saft der Tomaten einzukochen. Gelegentlich umrühren, um sicherzugehen, dass nichts ansetzt. Wenn es zu stark kocht, drehen Sie die Flamme herunter.

5 Jetzt müssen die Auberginen gebraten werden. Tupfen Sie sie trocken. Wenn Sie zu denjenigen gehören, die Auberginen nicht gern braten, backen Sie sie einfach 20 Minuten im Ofen bei 200 °C auf einem Backblech, mit etwas Olivenöl beträufelt. Wenn Sie sie braten möchten, erhitzen Sie Bratöl in einer robusten gusseisernen Pfanne (ich glaube nicht an beschichtete Pfannen, ich halte sie für Teufelswerk), und braten Sie die Scheiben in mehreren Arbeitsschritten nacheinander, bis sie goldfarben sind. Geben Sie nicht zu viele auf einmal in die Pfanne, denn bei Überfüllung werden sie gedämpft statt gebraten. Direkt in die wartende Caponata geben und weiterbraten.

6 Geben Sie den Zutaten der Caponata Gelegenheit, ihre Aromen verschmelzen zu lassen. Abschmecken, um die richtige Balance zwischen Salz, Zucker und Essig hinzubekommen. Jetzt noch die Petersilie dazugeben und fertig!

RICE KRISPIE TREATS Rice-Krispie-Kekse

Sie fragen sich jetzt vielleicht, warum um alles in der Welt Cynthia Barcomi, bekannt für ihr Gebäck, ein Rezept für Puffreis-Kekse in ihr neues Buch aufnimmt?! Ich sag's Ihnen: Ich habe sie bei einem Brunch zur Namensgebungs-Zeremonie meiner Tochter Savoy für alle Kinder gemacht, die mit ihren Eltern kamen. Und siehe da, es waren die Eltern, die nicht aufhören konnten, davon zu naschen. Daher also hier im Interesse der interkulturellen Entmystifizierung das Rezept für eine kulinarische Wonne, die ich zu den schönsten zähle: Rice Krispie Treats.

12–16 Kekse

ZUTATEN
30 g Butter
300 g (1 Packung) große Marshmallows
200 g Rice Krispies

1 Stellen Sie eine Backform (24 x 35 cm) bereit. Alle Zutaten abmessen.

2 Nehmen Sie den größten Topf, den Sie haben. Darin die Butter über mittlerer Flamme zerlassen. Die Marshmallows hinzufügen, sobald die Butter geschmolzen ist.

3 Die Marshmallows so lange rühren, bis sie sich vollständig aufgelöst haben. Die ganze Zeit rühren, damit nichts anbrennt. Den Topf von der Flamme nehmen, die Rice Krispies dazugeben und gut vermischen.

4 Geben Sie die Mischung in die Backform, und verstreichen Sie sie gleichmäßig.

5 Mindestens 30 Minuten abkühlen lassen, in Quadrate schneiden. Für das gewisse Extra legt mein Mann gern jeweils ein M&M auf jeden Cookie.

CRISP Obststreusel ohne Boden

8 Portionen

STREUSEL
140 g Zucker
65 g Kölln's Kernige Vollkorn-Haferflocken (KEINE Instant-Variante)
70 g Mehl
1 Prise Salz
125 g Butter, kalt, in kleine Stücke geschnitten

FÜLLUNG
6 Äpfel, Pfirsiche oder Birnen
500 g Kirschen, Brombeeren oder andere Beeren
45 g Mehl
140 g Zucker

1 Ofen auf 200 °C vorheizen. Eine Backform (32 x 24 cm) aus Glas oder Keramik bereitstellen. Ausbuttern ist nicht nötig.

2 Das Topping stellen Sie her, indem Sie Zucker, Haferflocken, Mehl und Salz in einer großen Schüssel vermischen. Die kalte Butter dazugeben (je kälter, desto besser, das ist ganz wichtig!) und die Butterbröckchen schnell mit den Fingerspitzen in die Zutaten einarbeiten. Das muss schnell gehen, damit die Butter nicht weich wird oder gar schmilzt. Weniger ist mehr! In den Kühlschrank stellen, während Sie die Füllung zubereiten.

3 Die Früchte schälen und in eine große Schüssel schneiden. (Pfirsiche in kochendem Wasser 1 Minute blanchieren, dann lassen sie sich leichter schälen).

4 Beeren dazugeben und vorsichtig (die Beeren sollen heil bleiben!) Mehl und Zucker hineinmischen. Am besten geht das mit den Händen, ein Holzlöffel wäre dafür einfach zu grob.

5 Die vorbereiteten Früchte in die Backform geben und mit den Streuseln bedecken.

6 Etwa 25 Minuten backen, bis es golden brutzelt. Schmeckt auch warm wunderbar, mit Vanille-Eiscreme!

BIRTHDAY

Geburtstag

Es soll Menschen geben, die nicht wissen, wann sie Geburtstag haben. Außerdem gibt es Kulturen, die Geburtstage nicht (besonders) feiern. Das kann ich mir überhaupt nicht vorstellen! Bei mir zu Hause ist das Geburtstagskind König oder Königin für einen Tag, egal wie jung oder alt, und Essen spielt natürlich eine große Rolle. Wir essen alle gern etwas, was es nicht jeden Tag gibt, zum Beispiel Nachos mit Dip, und auf jeden Fall gibt es einen Geburtstagskuchen.

Als ich klein war, gab es zu zwei Anlässen Angel Food Cake: einmal an meinem Geburtstag, und zwar jedes Jahr, bis ich nicht mehr zu Hause wohnte und dort Geburtstag feierte. Die andere Gelegenheit war die Samstags-Modenschau im mondänen Kaufhaus *Frederick and Nelson* in Downtown Seattle. Im Speisezimmer gab es Pianomusik, und todschicke Models stolzierten durch den Raum und präsentierten uns ihren Mod Look (den letzten Schrei) … Und ich Winzling saß da und aß meinen Angel Food Cake! Ich kam mir so bedeutend vor, es war kaum zum Aushalten.

ANGEL FOOD CAKE

Engelsbiskuit, der ultimative Partykuchen

Bei diesem Kuchen dreht sich alles um Leichtigkeit und Luft, also geben Sie Acht. Die Herstellung des Kuchens ist wie ein Spiel, und hier sind die Spielregeln. Befolgen Sie sie, dann wird das der beste Kuchen, den Sie je gebacken haben. Ignorieren Sie sie, dann auf eigenes Risiko …

1. Achten Sie darauf, dass all Ihre Schüsseln und Küchengeräte völlig frei von Fett oder Öl sind. Wischen Sie alles mit einem in Essig getränkten Papierhandtuch aus. Das wird nebenbei auch Ihr Eiweiß stabilisieren.

2. Passen Sie auf, dass absolut *kein Eigelb* ins Eiweiß gelangt. Wenn doch, entsorgen Sie es, und fangen Sie von vorne an. Eiweiß lässt sich nicht schlagen, wenn ihm Fett oder Eigelb in die Quere kommt.

3. Um das größtmögliche Volumen zu erzielen, sollte das Eiweiß Zimmertemperatur haben, wenn es geschlagen wird.

Rezept auf der nächsten Seite

ANGEL FOOD CAKE

ZUTATEN
300 ml Eiweiß (ca. 10–12 Eiweiß)
1 TL Wasser
1 Prise Salz
200 g Zucker, gesiebt

zusammengesiebt:
100 g Mehl
100 g Zucker
60 g Speisestärke
1/2 TL Salz

FROSTING
2 Eiweiß
300 g Zucker
85 ml Wasser
1 1/2 TL Ahornsirup

1 Den Ofen auf 180 °C vorheizen. Für diesen Kuchen brauchen Sie eine hohe Kuchenform (ca. 10 cm) mit einem Durchmesser von 22 oder 24 cm und einem Loch in der Mitte. Wie eine große Guglhupfform, aber mit glatten Seiten. Bitte *nicht* ausbuttern. Die Zutaten abwiegen und sieben.

2 Schlagen Sie das Eiweiß mit dem Wasser zunächst ein paar Minuten bei geringer Geschwindigkeit, bis es schaumig wird. Eine Prise Salz hinzufügen (zum Stabilisieren) und die Geschwindigkeit erhöhen.

3 Wenn das Eiweiß anfängt, steif zu werden, den Zucker langsam, einen Esslöffel nach dem anderen, hineinrieseln lassen und währenddessen ständig weiterschlagen. Das Eiweiß nicht überschlagen (zu lange schlagen).

4 Ist das Eiweiß steif, geben Sie ca. ein Drittel der Mehlmischung hinzu und heben sie vorsichtig mit einem Gummispachtel unter. Mit dem Rest der Mehlmischung weitermachen, dabei sanft mischen, denn zu energisches Rühren lässt das Eiweiß zusammenfallen.

5 Den Teig in die Backform füllen und ungefähr 45 Minuten backen, bis die Oberfläche goldbraun ist. Zum Abkühlen drehen Sie die Guglhupfform um und stülpen sie über einen Flaschenhals. Damit nutzen Sie die Schwerkraft für Ihren Kuchen aus, und er hält seine Höhe. Nach 2 Stunden drehen Sie die Form wieder um und nehmen den Kuchen aus der Form. Jetzt wird das Frosting hergestellt.

7-MINUTEN-FROSTING

1 Alle Zutaten in einem Wasserbad über leicht kochendem Wasser mischen. Mit einem elektrischen Mixer 7 Minuten schlagen.

2 Von der Flamme nehmen (das kochende Wasser ausschütten) und noch ein paar Minuten zum Abkühlen weiterschlagen. Manchmal gebe ich an dieser Stelle etwas Lebensmittelfarbe dazu.

3 Großzügig auf dem Kuchen verteilen und: genießen!

BAKED CHEESE NACHOS WITH SOUR CREAM DIP

Überbackene Käse-Nachos mit Sauerrahm-Dip

Nichts bringt die Gefräßigkeit meiner Familie besser an den Tag als diese Nachos. Nur der Tatsache, dass ich so ausgezeichnete Zutaten verwende, ist es zu verdanken, dass sie sich nicht an der Grenze zu echtem Trash Food bewegen. Ich nehme jedoch nur das Beste, und das Ergebnis ist dementsprechend absolut hinreißend!

6 Portionen

NACHOS

1 Tüte (450 g) Nacho Chips natur (nicht die mit Käse- oder Chili-Geschmack)
200 g geriebener reifer Cheddar, gelb oder orangefarben
1–2 gewürfelte grüne oder rote Paprikaschoten (wenn Sie's schärfer mögen: Pfefferschoten)

SAUERRAHM-DIP

600 g saure Sahne
250 g Joghurt
1 Tüte getrocknete Zwiebelsuppe

1 Ofen auf 210 °C vorheizen. Nehmen Sie das größtmögliche Backblech, notfalls auch zwei.

2 Verteilen Sie die Nachos in einer einzigen Lage auf dem Blech. Wenn sie übereinander liegen, bekommen die unteren keinen Käse ab!

3 Den Käse händeweise auf den Nachos verteilen. Seien Sie großzügig, und vergessen Sie die Ränder nicht!

4 Das Blech für 10 Minuten in den Ofen schieben.

5 Zum Servieren mit den Paprikawürfeln bestreuen.

SAUERRAHM-DIP

O.K., dieser Dip ist tatsächlich etwas trashig, aber was soll's? Schmeckt wunderbar und passt auch hervorragend zu den Crudités auf Seite 43.

1 Saure Sahne und Joghurt in eine Schüssel geben. Den Inhalt der Tütensuppe hinzufügen und vermischen.

2 Mindestens 2 Stunden kaltstellen, damit sich die getrockneten Zwiebeln wieder mit Flüssigkeit vollsaugen können. Fertig.

SALSA

für die Nachos, auch lecker zu gegrilltem Gemüse oder als Omelette-Füllung

6 Portionen

ZUTATEN

1 kg Strauchtomaten, rot und/oder gelb
  (ungefähr 10 mittelgroße)
2 frische Serrano- oder Jalapeño-Chilis
  (die scharfen!)
1/2 Zwiebel, fein gehackt
1 Bund Petersilie oder Koriander,
  fein gehackt
2 fein gehackte Knoblauchzehen
1 TL Zucker
2 EL frischer Limetten- oder
  Zitronensaft
Salz
Pfeffer

1 Die Tomaten vierteln und entkernen. In kleine Würfel schneiden und in eine Schüssel geben.

2 Gummihandschuhe überziehen und die Chilis entkernen und fein hacken.

3 Chilis, Zwiebel, Petersilie/Koriander und Knoblauch unter die Tomaten rühren. Mit Zucker, Limettensaft sowie Salz und Pfeffer abschmecken. Die Salsa kann 1 Stunde im Voraus gemacht und bei kühler Raumtemperatur aufbewahrt werden.

GUACAMOLE

für die Nachos oder als Spread auf einem Sandwich

Manche mögen Koriander in ihrer Guacamole, ich kann das Kraut nicht ausstehen. Meine Zimmergenossin im College hat einmal einen Dip mit zu viel Koriander gemacht. Seitdem schüttelt's mich, wenn ich ihn nur rieche. Hier meine Version, guten Appetit!

6 Portionen

ZUTATEN

2 sehr reife Avocados
Saft einer halben Zitrone
1/2 TL Salz
2 Knoblauchzehen, sehr fein gehackt
1 kleine Zwiebel, fein gehackt
1/4 TL gemahlener Kreuzkümmel
Cayennepfeffer nach Geschmack
Pfeffer, frisch gemahlen
1 Tomate, gewürfelt
2 EL Mayonnaise

1 Avocados schälen und zerdrücken. Sofort den Zitronensaft dazugeben, damit sie nicht oxidieren und braun werden.

2 Die restlichen Zutaten der Reihe nach hinzufügen, vorsichtig untermischen, damit die Tomaten nicht zerfallen.

3 Zudecken und bis zum Servieren maximal 2 Stunden im Kühlschrank aufbewahren.

PIGGIES IN A BLANKET

Schweinchen im Schlafrock

Elegant, spaßig und albern – nicht gerade, was jeden Tag auf den Tisch kommt ... für viele eher eine kitschige Mischung aus Kindheitserinnerungen, ambitionierter Manhattan-Cocktailparty und einem wahr gewordenen, kulinarischen Traum: Piggies in a blanket. Voilà, Sie können sie mit Cheddar-Käse aufmotzen oder einfach den Ketchup dazustellen, sie werden allen schmecken!

Ca. 20 Stück von etwa 4 cm Länge

ZUTATEN
10 g frische Hefe oder 1/2 Packung
   Trockenhefe
1 Prise Zucker
90 ml warmes Wasser
20 g Zucker
3/4 TL Salz
250 g Mehl (405er)
1 Ei
2 EL Pflanzenöl
7 Wiener Würstchen (mir schmecken
   Biowürste am besten)
20 kleine Scheiben Cheddar (nach
   Belieben)
für die Glasur 1 Ei mit 1 TL Wasser
   verschlagen

1 Die Hefe mit einer Prise Zucker im Wasser auflösen. 5 Minuten gehen lassen, bis sich Bläschen bilden.

2 Zucker und Salz zum Mehl in eine große Schüssel geben. Das Ei mit dem Öl verschlagen. Die aufgelöste Hefe und die Ei-Öl-Mischung ins Mehl rühren und mit den Knethaken eines elektrischen Handmixers oder in der Küchenmaschine durchkneten. Den Teig ein paar Minuten ruhen lassen, dann auf die Arbeitsfläche kippen und mehrere Minuten mit der Hand kneten, bis er geschmeidig und glatt wird. Zurück in die Schüssel geben, mit einem feuchten Geschirrtuch bedecken und ungefähr 1 Stunde gehen lassen, bis er sein Volumen verdoppelt hat.

3 Ofen auf 200 °C vorheizen. Ein Backblech mit Backpapier auslegen.

4 Die Wiener Würstchen in etwa 4 cm lange Stücke schneiden. Denken Sie daran, das hier ist Fingerfood und sollte Bissgröße haben.

5 Wenn der Teig ausreichend gegangen ist, boxen Sie ihn nieder und rollen ihn ziemlich dünn zu einem 30 x 30 cm großen Quadrat aus. In etwa 3 cm breite Streifen schneiden (etwas kürzer als die Wiener). Die Streifen so um die Wiener wickeln, dass deren Enden herausragen. Vor dem Einpacken können Sie das Würstchen auch mit etwas Käse belegen (der Käse schmilzt und tropft beim Backen heraus!). Das in Teig gewickelte Schweinchen mit der Naht nach unten auf das Backblech legen. Weiterwickeln, bis alle Piggies eingepackt sind.

6 Mit dem verschlagenen Ei einpinseln. Backen, bis sie mattgolden sind, das dauert etwa 14 Minuten.

CYNTHIA'S OREO COOKIES

Cynthias Oreo-Cookies

Wenn Sie je ein Oreo-Cookie gekostet haben, wird es Ihnen sicherlich in Erinnerung geblieben sein. Ich liebe diese Kekse, allerdings ist mir meine Version sogar noch lieber. Wenn Sie keine Lust haben, das Frosting für die Füllung zu machen, nehmen Sie einfach Vanilleeis, wickeln die Sandwiches in Klarsichtfolie und legen sie zwei Stunden vor dem Essen ins Eisfach. Auch sehr lecker.

30 Cookies, 15 Sandwiches

ZUTATEN
300 g Mehl
120 g Kakao
1 TL Natron
1 TL Salz
250 g weiche Butter
260 g Zucker
1 TL Golden Sirup (Grafschafter Goldsaft)
2 Eier

FÜLLUNG
200 g weiche Butter
1,2 kg Puderzucker
100 ml Milch

1 Ofen auf 190 °C vorheizen. Mehl, Kakao, Natron und Salz vermischen. Beiseite stellen.

2 Mit einer Küchenmaschine oder einem elektrischen Handmixer die weiche Butter, den Zucker und den Sirup verschlagen, bis alles leicht und fluffig ist, ungefähr 3 Minuten. Eier hinzufügen und noch mal 3 Minuten mixen, bis alles noch leichter und noch fluffiger wird.

3 Die Mehlmischung dazugeben und mit einem Holzlöffel einrühren, bis alles verbunden ist. Bitte Vorsicht, nicht zu viel mischen!

4 Die Cookies formen, indem Sie dicke Tropfen Teig von einem Löffel auf ein Backblech fallen lassen. Sie entscheiden, wie groß die Cookies sein sollen, aber achten Sie darauf, dass sie alle in etwa die gleiche Größe haben. Über die Form bei der Landung sollten Sie sich nicht den Kopf zerbrechen. Die Teighaufen werden abflachen und sich beim Backen in perfekte Kreise verwandeln.

5 Abhängig von der Größe etwa 10–13 Minuten backen. Auf dem Blech 5 Minuten auskühlen lassen, bevor Sie sie zum Weiterkühlen aufs Gitter legen und die Sandwiches fabrizieren.

FÜR DIE FÜLLUNG
Die Butter mit der Hälfte des Puderzuckers und der Milch in eine große Rührschüssel geben. Mit dem Handmixer bei hoher Geschwindigkeit mixen, bis eine ganz glatte Masse entsteht. Weitermixen und dabei langsam den Rest des Puderzuckers hineinrieseln lassen, bis die Füllmasse recht dick ist. Vielleicht brauchen Sie nicht den ganzen Zucker. Und ein bisschen Lebensmittelfarbe ist auch lustig.

SANDWICH-FABRIKATION
Nehmen Sie zwei ungefähr gleich große abgekühlte Cookies. Bestreichen Sie eines mit der Füllung, decken das zweite darauf, und legen Sie dieses Sandwich auf einen Teller. Die Sandwiches kühlen ab, während Sie den Rest machen.

NEW YEAR'S EVE

Silvester

Ich schmeiß lieber eine eigene Party, als dass ich zu einer Silvester-Party gehe, und ein Buffet ist ideal zum Feiern – sowohl für Ihre Gäste als auch für Sie als Gastgeber(in). Diese Rezepte sind einfach umzusetzen, egal, ob Sie nun 5 oder 50 Gäste erwarten, Sie müssen nur ein bisschen rechnen.

Ich mag Buffets: Alles ist unkompliziert in der Zubereitung und leicht zu servieren, man kann im Stehen essen, ohne Messer und Gabel. Mit einem Champagner-Cocktail in der Hand – wer will da schon mit Besteck jonglieren? Das ist auch überhaupt nicht nötig. Meist ist weniger mehr! Ein Silvesterbuffet ist schließlich kein formales Dinner mit Sitzordnung. Die Leute möchten etwas knabbern, trinken, plaudern und bis in die frühen Morgenstunden feiern. Vergessen Sie also all Ihre guten Vorsätze, Ihr Leben ändern können Sie das ganze Jahr über. Essen, trinken und feiern Sie in dem Bewusstsein, dass Sie die Party des Jahres geben, um das neue Jahr einzuläuten.

COSMO CHAMPAGNER COCKTAIL

Cosmo-Champagner-Cocktail

Hiermit setzt der ewig populäre Cosmopolitan Cocktail zu neuen Höhenflügen an. Er wird Ihren Gästen ewig in Erinnerung bleiben. Und übrigens: Dieser Cocktail schmeckt auch zu jeder anderen Jahreszeit.

10 Gläser

ZUTATEN

300 ml Cointreau oder Grand Marnier
   oder Triple Sec
300 ml Cranberrysaft
125 ml frisch gepresster Limettensaft
2 EL feinster Zucker, wenn Sie's ein
   wenig süßer mögen
1 l eiskalter Champagner oder Prosecco
zum Garnieren frische oder gefrorene
   Himbeeren oder frische Minzblätter

1 Mischen Sie alle Zutaten bis auf den Champagner, und stellen Sie sie zugedeckt 2–6 Stunden kalt.

2 Kurz vorm Servieren die Mischung auf 10 Champagnerflöten verteilen, die Gläser mit Champagner auffüllen und dekorieren. Wenn Sie diesen Drink die ganze Nacht lang servieren möchten, machen Sie eine große Bowleschüssel davon, und bitten Sie Ihre Gäste, sich selbst zu bedienen.

DATES TO DIE FOR

Datteln zum Niederknien

6 Portionen

ZUTATEN
6 RIESIGE Bio-Datteln (Sorte Medjool), die größten und besten, die Sie bekommen können
1 Brocken (ca. 40 g) Parmigiano Reggiano, in 6 Stücke in der Größe der Dattelsteine zugeschnitten
6 Scheiben Pancetta (italienischer Speck) oder Bacon (Frühstücksspeck), am besten bio, ohne dieses künstliche Räucheraroma
Zahnstocher

1 Den Ofen auf 210 °C vorheizen.

2 Um die Datteln zu entsteinen, werden sie an der Seite aufgeschlitzt. Den Stein behutsam entfernen. Die Datteln anstelle des Steins jeweils mit einem Stück Parmigiano Reggiano füllen.

3 Legen Sie einen Streifen Pancetta auf die Arbeitsfläche und wickeln Sie die Dattel darin ein, stabilisieren Sie das Ganze mit einem Zahnstocher.

4 Die aufgewickelten Datteln auf einem Backblech verteilen, 5 Minuten auf der einen Seite backen, dann das Blech aus dem Ofen nehmen, die Datteln wenden und weitere 5 Minuten auf der anderen Seite backen.

5 Direkt heiß aus dem Ofen servieren. Durch den Pancetta sollten sie außen knusprig sein, innen süß und weich und durch den geschmolzenen Käse salzig. *Wow! Call me a doctor.*

SPICY COCKTAIL NUTS

Würzige Cocktailnüsse, eine Spezialität aus den Südstaaten

12 Portionen

ZUTATEN
1 großes Eiweiß
1 TL Wasser
560 g gemischte Nüsse (Mandeln, Pinienkerne, Sonnenblumenkerne, Cashews, Erdnüsse usw.)
2 EL kreolische Gewürzmischung (Rezept s. u.)
1/2 TL Cayennepfeffer
1/4 TL Salz
100 g Zucker

1 Ofen auf 120 °C vorheizen. Verwenden Sie Ihr größtes Backblech oder zwei kleinere.

2 Das Eiweiß mit dem Wasser verschlagen, bis es schaumig wird. Die Nüsse dazugeben und wenden, bis sie rundherum bedeckt sind. Die Gewürzmischung sowie Cayennepfeffer, Salz und Zucker hinzufügen. Rühren, bis alles gut ummantelt ist.

3 Die Nüsse gleichmäßig auf dem Backblech verteilen und 45 Minuten backen, bis sie trocken sind, aber nicht zu viel Farbe angenommen haben. Alle Viertelstunde einmal »umrühren«.

4 Auf dem Blech abkühlen lassen dann in Schälchen geben. Nach dem Backen wirken sie noch immer ein wenig klebrig, aber sie trocknen beim Abkühlen.

KREOLISCHE GEWÜRZMISCHUNG
1 EL Paprika, 1 EL Salz, 1 EL Knoblauchpulver, 1/2 EL gemahlener schwarzer Pfeffer, 1/2 EL Zwiebelpulver, 1/2 EL Cayennepfeffer, 1/2 EL getrockneter Oregano, 1/2 EL getrockneter Thymian

CRUDITÉS WITH DIP

Gemüse mit Dip

Ein Buffet ohne Crudités geht gar nicht. Sie sind so erfrischend wie Salat, doch viel einfacher in der Zubereitung. Mir gefällt die Kombination von rohem und gekochtem Gemüse, so angerichtet, dass nicht einmal Bugs Bunny widerstehen könnte.

5 Portionen

ZUTATEN

1 Bund geschälte Karotten, der Länge nach geviertelt und dann halbiert

4–6 Selleriestangen, längs geteilt und dann halbiert

je 1 rote, gelbe und grüne Paprikaschote, längs in Streifen geschnitten

1 Schälchen Cherry-Tomaten

1 Bund Radieschen

1 Kopf Brokkoli, 3 Minuten in kochendem Wasser blanchiert und abgekühlt

1 Kopf Blumenkohl, 3 Minuten in kochendem Wasser blanchiert und abgekühlt

1 Kopf Salat, z. B. Eichblatt oder Römer, die Blätter gewaschen und getrocknet

andere wunderbare Gemüsesorten, die gerade Saison haben, entweder blanchiert oder roh

BLUE CHEESE DIP

250 g Frischkäse, Raumtemperatur

100 g zerkrümelter Roquefort oder anderer Blauschimmelkäse

150 ml Mayonnaise

150 g saure Sahne

etwas Salz, nach Geschmack

frisch gemahlener schwarzer Pfeffer

1 Bereiten Sie Ihr Gemüse vor: waschen, schneiden, blanchieren usw. Schön kühl halten, damit alles frisch bleibt.

2 Legen Sie die Innenseite eines Korbes mit einem Bett aus Salatblättern aus, und arrangieren Sie das geschnittene Gemüse stehend im Korb. (Sie können das Gemüse auch auf Tellern oder in Schalen arrangieren, ganz wie Sie wollen.)

BLUE CHEESE DIP – Blauschimmelkäse-Dip
Alle Zutaten in eine große Schüssel geben. Mit einem elektrischen Mixer alles gut vermischen. In eine Servierschüssel umfüllen, zudecken und vor dem Servieren mindestens 1 Stunde kalt stellen.

3 Bedecken Sie den Korb mit einem feuchten Tuch und stellen Sie ihn in den Kühlschrank, während Sie den Dip zubereiten.

ROSEMARY BREADSTICKS

Rosmarin-Brotstangen (Grissini)

Ca. 20 Brotstangen

ZUTATEN
1 Päckchen Trockenhefe oder 1/2 Würfel (21 g) frische Hefe
1 TL Honig
250 ml warmes Wasser
1 EL Olivenöl extra vergine plus mehr zum Bestreichen
420 g Mehl
1 TL Salz
50 g geriebener Parmesan
65 g geriebener Gruyère (Greyerzer)
1 TL frischer Rosmarin, gehackt
1 Chilischote
1/2 TL getrocknete Fenchelsamen, im Mörser zermahlen
Meersalz für die Garnitur, nach Belieben

1 In einer kleinen Schüssel die Hefe mit dem Honig in warmem Wasser auflösen. Olivenöl dazugeben. In einer großen Schüssel Mehl und Salz vermischen und die aufgelöste Hefe hinzufügen. Den Teig mit Handmixer oder Küchenmaschine mit Knethaken mehrere Minuten kneten, bis er ganz glatt ist.

2 Kippen Sie den Teig auf eine leicht bemehlte Arbeitsfläche, und kneten Sie ihn einige Male durch. Geben Sie einen Schuss Olivenöl in die Schüssel, rollen Sie den Teig einmal darin herum, und bedecken Sie dann die Schüssel mit einem feuchten Tuch. Den Teig 1–2 Stunden an einem warmen Ort gehen lassen, bis er sich verdoppelt hat. In der Zwischenzeit Käse und Kräuter vorbereiten.

3 Den Ofen auf 200 °C vorheizen. Ein oder zwei Backbleche mit Backpapier auslegen.

4 Wenn der Teig ausreichend gegangen ist, boxen Sie ihn nieder und rollen ihn auf der leicht bemehlten Arbeitsfläche zu einem Rechteck von ca. 15 x 40 cm ziemlich dünn aus.

5 Den Teig mit Olivenöl einpinseln, die Käse-Kräuter-Mischung darauf verteilen und in den Teig hineindrücken. In ca. 1 cm dicke Streifen schneiden. Die Streifen eindrehen und aufs Backblech legen. Wenn Sie mögen, streuen Sie ein wenig Meersalz darüber. 10–15 Minuten backen, bis die Brotstangen goldbraun sind.

BAKED TOMATO AND CHEESE DIP

Tomaten-Käse-Dip aus dem Ofen

Dieser warme Dip passt perfekt zu den Brotstangen (Seite 44) oder zu Tortillachips.

12 Portionen

ZUTATEN
2 große Zwiebeln, grob gehackt
100 g Semmelbrösel
1 TL Salz
frisch gemahlener Pfeffer
1 große Dose (800 g) italienische Eiertomaten, abgegossen und grob gehackt
1 Zweig Rosmarin, fein gehackt
10 Blätter Basilikum, fein gehackt
1/4 TL Fenchelsamen, im Mörser zerstoßen
150 g geriebener reifer Cheddar oder ein anderer Käse, der Ihnen schmeckt
Olivenöl zum Beträufeln

1 Ofen auf 220 °C vorheizen. Eine Back- oder Auflaufform (24 x 24 cm) aus Keramik oder Glas leicht ausbuttern.

2 Die gehackten Zwiebeln 2 Minuten in kochendem Wasser blanchieren. Auf einem Handtuch abtropfen lassen.

3 Semmelbrösel, Salz und Pfeffer miteinander vermengen.

4 Die Hälfte der abgegossenen, gehackten Tomaten in die Auflaufform schichten, mit der Hälfte der Zwiebeln belegen, darauf die Hälfte der Semmelbrösel verteilen, gefolgt von je der Hälfte von Kräutern und Käse.

5 Wiederholen Sie die Lagen, den Abschluss bildet der Käse, den Sie mit Olivenöl beträufeln.

6 45 Minuten backen, bis der Käse lecker goldfarben brutzelt.

BREAD PUDDING

Brotpudding mit Crème Anglaise

Brotpudding ist eins von den Gerichten, die nicht viel herzumachen scheinen, aber das Ergebnis ist dafür umso wunderbarer, mehr als nur die Summe der Zutaten. Die Crème Anglaise veredelt den Pudding und verwandelt ihn in ein perfektes Schmuckstück fürs Buffet.

12 Portionen

ZUTATEN

500 g altbackenes Brot, eine Mischung
   aus Croissants, Weißbrot und/oder
   Focaccia
500 ml Vollmilch
500 g Sahne
125 g getrocknete Cranberries oder
   Rosinen
1 EL Rum oder Orangensaft oder
   Cointreau
3 Eier
200 g Zucker
125 ml Vollmilch
125 g Sahne

CRÈME ANGLAISE

5 Eigelb
100 g Zucker
1 TL Speisestärke
500 ml Milch, heiß
1 EL Rum oder Cointreau oder
  1 TL Vanille-Extrakt

1 Ofen auf 180 °C vorheizen. Eine Keramik- oder Glasbackform (32 x 24 cm) ausbuttern und beiseitestellen.

2 Das Brot in 2 cm große Würfel schneiden und 30 Minuten in 500 ml Milch und 500 g Sahne einweichen.

3 Die Trockenfrüchte in der angewärmten Flüssigkeit (Rum, Orangensaft oder Cointreau) einweichen.

4 Nach 30 Minuten die eingeweichten Früchte samt Flüssigkeit zu den Brotwürfeln geben und alles in der vorbereiteten Form verteilen.

5 Jetzt die Eier in einer großen Schüssel mit einem Handmixer oder einem Schneebesen verschlagen. Den Zucker hinzufügen und

weitere 2 Minuten schlagen, bis die Mischung dick und blassgelb wird. Jetzt die 125 ml Milch und die 125 g Sahne dazugießen und weiterschlagen, bis alles gut vermischt ist.

6 Die Eiercreme gleichmäßig über dem eingeweichten Brot verteilen.

7 Die Backform auf ein tiefes Backblech setzen, in den Ofen schieben und ca. 1 cm hoch Wasser auf das Backblech gießen. Damit wird verhindert, dass der Pudding während des Backens austrocknet.

8 30 Minuten backen, mit Alufolie bedecken, nochmals 15 Minuten backen, Folie entfernen und 5 Minuten bräunen lassen. Machen Sie sich jetzt an die Sauce!

SAUCE CRÈME ANGLAISE – Crème Anglaise

1 Die Eigelbe mit dem Zucker verschlagen, bis die Mischung blassgelb und dick ist, dann die Speisestärke hineinschlagen und den Rum dazugeben.
2 Die Milch zum Kochen bringen, eine Minute abkühlen lassen, dann langsam in die Eiermischung rühren und alles in einen Topf gießen. 3 Mit einem Holzlöffel über mittlerer Flamme rühren, bis es dick wird, ungefähr 5 Minuten. Achtung – nicht kochen oder zu heiß werden lassen, sonst gerinnt es!
4 Die Sauce zum Abkühlen in eine andere Schüssel umgießen und rühren.

FÜR 2

- Verführung
- Sonntagsfrühstück zu zweit
- Hochzeitstag

SEDUCTION

Verführung

Mit vier Kindern hat Zweisamkeit für meinen Mann und mich eine ganz neue Bedeutung bekommen. Aber wir schaffen es, dem Alltag ein paar Momente abzutrotzen, die nur uns gehören. Und so gern wir auch essen gehen, am glücklichsten sind wir doch zu Hause, besonders, wenn alle Kinder im Bett sind. Manchmal, während eines romantischen Dinners daheim, vergessen wir sogar, dass wir Kinder haben!

BELLINIS

Bellinis

Eigentlich sind Bellinis jahreszeitlich gebunden, weil sie mit dem frischen Saft weißer Pfirsiche zubereitet werden. Doch heutzutage gestatten wir uns ein wenig mehr Freiheit, indem wir entweder in Flaschen abgefüllten Pfirsichsaft verwenden (der aus dem Naturkostladen ist der beste), oder zu gefrorenen Pfirsichen greifen, die im Mixer zu Püree geblitzt werden. Sie dürfen sie auch mit Erdbeerpüree machen, nur heißen sie dann Rossini. Wie auch immer, die Mengen bleiben dieselben: 1 Teil Saft (Pfirsich- oder Erdbeerpüree), 3 Teile Prosecco.

2 Gläser

ZUTATEN
60 ml Pfirsich- oder Erdbeerpüree,
  eiskalt aus dem Kühlschrank
200 ml Prosecco, gut gekühlt
2 gut gekühlte Gläser

Den Prosecco mit dem gekühlten Püree vermischen. Eingießen und genießen!

OYSTERS

Austern

Kaufen Sie Austern immer bei einem guten Händler, damit Sie ganz sichergehen können, dass sie frisch und glücklich sind! Und die »R«-Regel beherzigen: Essen Sie Austern nur in Monaten, die ein R im Namen haben, also von September bis April. Sie können sie auch gegart servieren, aber in meinen Augen sind sie etwas so Besonderes, dass ich sie lieber roh mit diesen beiden Saucen verspeise.

2 Portionen

ZUTATEN
24 frische Austern

SAUCE 1 (130 ml)
125 ml Rot- oder Weißweinessig
1 EL fein gehackte Schalotten
1 EL fein gehackte Petersilie
1 TL zerstoßene Pfefferkörner
Salz nach Geschmack

SAUCE 2 (130 ml)
30 g fein gehackte Zwiebel
1 1/2 TL Sojasauce
4 EL Reisessig
1/4 TL Meersalz
1/2 Zehe fein zerstoßener Knoblauch
ein paar Spritzer Chiliöl
1/4 TL fein geriebener Ingwer
1 1/2 TL Traubenkernöl
4 EL fein gehackte Petersilie

SAUCE 1 — MIGNONETTE-SAUCE
Alles verrühren. Hält sich ein paar Tage im Kühlschrank.
Zum Servieren die Austern mit der Sauce beträufeln. Köstlich!

SAUCE 2
Alles vermischen. Hält sich ein paar Tage im Kühlschrank. Lässt sich hervorragend in der Küchenmaschine herstellen! Zum Servieren die Austern mit der Sauce beträufeln. Köstlich!

AUSTERN ÖFFNEN
Ich arbeite mit zwei Messern: einem dicken, spatenförmigen Austernmesser und einem dünneren, scharfen Gemüsemesser, das meinetwegen auch beschädigt werden kann. Legen Sie die Auster in Ihre Hand. Mit dem dünnen Gemüsemesser arbeiten Sie sich nun vorsichtig in die Nahtstelle *hinten* vor, dort, wo die beiden Schalenhälften zusammenkommen. Durchtrennen Sie den Muskel mit der scharfen Klinge, und nehmen Sie dann das größere Austernmesser, und brechen Sie die Auster sachte auf, ohne etwas von der köstlichen Flüssigkeit zu verlieren.

POTATO AND CAVIAR PARFAITS

Kartoffel-Kaviar-Parfait in Martinigläsern

Das ist Sophistication pur: Fast jeder kennt Toast mit Kaviar, saurer Sahne, gehackten Zwiebeln und hart gekochten Eiern. Aber was, wenn wir diese Kombination auf die Spitze treiben und etwas extrem Elegantes daraus machen? Ersetzen wir doch den Toast durch Kartoffeln und werten sie dadurch auf, dass wir sie in einem Martiniglas servieren. Die hausbackene Kartoffel in perfektem neuen Styling!

2 Portionen

ZUTATEN

1 Kartoffel, geschält und in
  1 cm große Würfel geschnitten
1 EL saure Sahne
1 EL Crème fraîche plus mehr für
  die Garnierung
1 EL Milch, falls nötig
Salz und Pfeffer nach Geschmack
1 hart gekochtes Ei, fein gehackt
1 Cornichon, fein gehackt
1 TL Mayonnaise
Salz und Pfeffer nach Geschmack
1 Scheibe geräucherter Lachs, in
  Streifen geschnitten
1 Spritzer Zitronensaft für den Lachs
2 TL gehackter Schnittlauch
4 TL Forellen- oder anderer Kaviar

1 Einen Topf mit leicht gesalzenem Wasser zum Kochen bringen. Kartoffelwürfel so lange kochen, bis sie knapp gar sind, etwa 5 Minuten. Abgießen und gleich abkühlen; zum Trocknen auf einem Geschirrhandtuch verteilen.

2 In einer Rührschüssel die saure Sahne, die Crème fraîche und ein wenig Milch verrühren.

3 Die abgekühlten, trockenen Kartoffeln zum Dressing geben und vorsichtig vermischen. Mit Salz und Pfeffer abschmecken.

4 Einen Eiersalat aus Ei, Cornichon, Mayo und Gewürzen zubereiten.

5 In zwei Martinigläsern einzelne Schichten anrichten: Kartoffelsalat, Eiersalat, Kartoffelsalat, Lachs mit einem Spritzer Zitrone, Schnittlauch und Kartoffelsalat. Mit einem Klecks Crème fraîche und 2 TL Kaviar pro Glas krönen. Sofort servieren oder bis zum Servieren kalt stellen.

FIGS WITH MASCARPONE AND HONEY

Feigen mit Mascarpone und Honig

Frische Feigen zählen zu den erotischsten Früchten überhaupt: ihr süßer Geschmack und ihre wunderbare Konsistenz ... Schon beim Gedanken daran fällt es mir schwer, mich aufs Schreiben zu konzentrieren. Die beste Zeit für Feigen ist zwischen Juni und Oktober. Achten Sie darauf, dass die Schale unverletzt ist. Drücken Sie sie ganz, ganz sachte, um sie auf Reife zu prüfen. Sie sollten weder zu hart noch zu weich sein. Schnellstens mit Schale verzehren!

2 Portionen

ZUTATEN
4 frische Feigen
4 EL Mascarpone, oder mehr, wenn Sie mögen
2 EL Honig (der beste, den Sie finden können)

1 Die Feigen vorsichtig unter kaltem Wasser waschen und abtrocknen.

2 Die Feigen halbieren oder vierteln, auf einen Teller legen und jedes Stück mit einem Tupfen Mascarpone krönen und etwas Honig darübertröpfeln. Vergessen Sie das Besteck, diese Feigen *müssen* mit den Fingern gegessen werden. Übrigens, nehmen Sie nur Mascarpone für dieses Gericht. Wagen Sie es nicht einmal, an Quark zu denken! Nichts außer Mascarpone kann es mit der sinnlichen Konsistenz frischer Feigen aufnehmen!

INTIMATE SUNDAY BREAKFAST

Sonntagsfrühstück zu zweit

Mit vier Kindern gehört ein Sonntagsfrühstück in Zweisamkeit endgültig der Vergangenheit an, und das schon seit 20 Jahren. Doch ich kann mich gut erinnern, wie das war: Mittags aufwachen, mich umdrehen, meinen Partner ansehen und nichts Wichtigeres im Kopf haben, als ihn zu küssen. Dann nach der Sonntagsausgabe der »New York Times« sehen (vor meiner Haustür und so schwer wie zehn Telefonbücher). Kaffee kochen hatte immer Priorität, schließlich braucht man ja einen klaren Kopf, um darüber nachzudenken, was als Nächstes kommen könnte. Unter dem Motto *eat me, bite me, bake me* entscheide ich mich für Pastrami und Eier, Ahorn-Walnuss-Muffins und etwas wirklich Dekadentes: Erdbeeren im Schokomantel. Frisch gepresster Orangensaft gehört natürlich auch dazu.

Dieses Eiergericht ist perfekt für ein Sonntagsfrühstück zu zweit. Auch der weniger erfahrene Koch von Ihnen beiden kann dabei brillieren. Einer kann die Muffins backen, während der andere sich um die Eier kümmert. Die Schokoladen-Erdbeeren sollten Sie aber zusammen machen.

PASTRAMI AND EGGS

Pastrami und Eier

2 Portionen

ZUTATEN

20 g Butter
100 g Pastrami (wenn Sie keine Pastrami bekommen können, versuchen Sie's mit dünn geschnittener Bresaola)
4 große Eier, in einer Schüssel verschlagen
Salz und Pfeffer
1 Schuss Sahne oder 1 EL Cème fraîche

Nehmen Sie die schwerste Pfanne, die Sie haben (*keine* beschichtete). Zerlassen Sie die Butter über hoher Flamme, und fügen Sie dünn geschnittene Pastrami oder Bresaola hinzu. Schnell ein paar Minuten lang über hoher Flamme anbraten, dann die Eier hineinrühren, salzen und pfeffern. Wenn Sie's ganz dekadent cremig mögen, geben Sie Sahne oder Crème fraîche dazu. Rühren Sie die Eier, bis sie gestockt, aber nicht trocken sind. Großartig mit den Ahorn-Walnuss-Muffins!

MAPLE WALNUT MUFFINS

Ahorn-Walnuss-Muffins

12 Muffins

TROCKENE ZUTATEN
280 g Mehl
100 g Vollkornhaferflocken
100 g Zucker
2 TL Backpulver
1 TL gemahlener Zimt
1/4 TL Muskat, 1/2 TL Natron, 1/2 TL Salz

FLÜSSIGE ZUTATEN
250 ml Buttermilch
125 ml Ahornsirup
1 großes Ei
50 g zerlassene Butter
1 TL Sirup (Grafschafter Goldsaft)

WEITERE ZUTATEN
40 g grob gehackte Walnüsse
1 Apfel oder Birne, geschält und geraspelt
70 g Rosinen oder entsteinte Datteln (nach Belieben)

1 Ofen auf 190 °C vorheizen. Eine 12er-Muffinform ausbuttern und beiseitestellen.

2 Die trockenen zu den flüssigen Zutaten hinzufügen und vermischen. Die weiteren Zutaten hinzufügen. Den Teig gleichmäßig auf die Muffinform verteilen.

3 23 Minuten oder länger backen (Garprobe machen). Warm mit Butter servieren.

CHOCOLATE COVERED STRAWBERRIES Erdbeeren mit Schokoladenüberzug

10 Erdbeeren

ZUTATEN
10 perfekte, RIESIGE Erdbeeren, vorsichtig gewaschen und trocken getupft. Der grüne Stielansatz bleibt dran.
200 g Zartbitterschokolade, geschmolzen
10 Zahnstocher
1 leerer 10er-Eierkarton

1 Die Schokolade im Wasserbad schmelzen. (Schmelzen in der Mikrowelle funktioniert hier nicht, weil die Schokolade warm bleiben muss.)

2 Einen Zahnstocher durch den Stielansatz der Erdbeere stecken, etwa 3 cm in die Frucht hinein. Er sollte fest und stabil sitzen.

3 Die Erdbeere durch die Schokolade ziehen, herausnehmen und den Zahnstocher in den umgedrehten Eierkarton stecken. Mit allen Erdbeeren so verfahren und warten, bis die Schokolade trocknet. Sie können die Erdbeeren dazu auch in den Kühlschrank stellen.

4 Innerhalb der nächsten Stunden genießen. Absoluter Luxus!

61

SKINNY LITTLE GREEN BEANS

Dünne, kleine grüne Bohnen

Eine super Beilage für so viele Gerichte: zu Hähnchen, Fisch oder allen Fleischgerichten, statt oder zum Salat. Das Geheimnis? Bloß nicht zu lange kochen! Schmeckt sogar meinem Vierjährigen!

6 Portionen

ZUTATEN
500 g feine kenianische grüne Bohnen (die kleinen dünnen)
etwas Butter oder Olivenöl
etwas Steinsalz
etwas Zitronensaft (nach Belieben)

1 Einen Topf Wasser zum Kochen bringen. Die Enden der Bohnen kappen, die Bohnen aber lang lassen. 3 Minuten kochen, gut abtropfen und anschließend in eine Servierschüssel geben.

2 Mit Olivenöl oder zerlassener Butter beträufeln und mit etwas Steinsalz und vielleicht ein wenig Zitronensaft abschmecken. Das funktioniert auch gut mit Brokkoli oder im Sommer mit den gelben Wachsbohnen.

67

MOUSSE AU CHOCOLAT

Schokoladenmousse

6 Portionen

ZUTATEN

250 g Zartbitterschokolade
45 g Butter, Zimmertemperatur
1 EL Rum
2 TL Instant-Espressopulver

3 große Eier, getrennt
40 g Zucker (für das Eigelb)
1 Prise Salz
40 g Zucker (für das Eiweiß)

125 g kalte Sahne in einer kalten
   Schüssel
2 EL Zucker (für die Schlagsahne)

zum Dekorieren geraspelte Schokolade
   nach Belieben

1 Die Schokolade im Wasserbad – oder ganz vorsichtig in der Mikrowelle – mit der Butter, dem Rum und dem Espressopulver schmelzen. Etwas abkühlen lassen.

2 In einer großen Schüssel (es muss nachher alles hineinpassen) das Eigelb mit 40 g Zucker schlagen, bis es dick und blassgelb wird. Die Schokoladenmischung hineinrühren und beiseitestellen.

3 In einer Schüssel, in der absolut kein Fett klebt, das Eiweiß mit einem Handmixer oder einer Küchenmaschine schlagen, bis es schaumig wird. Eine Prise Salz dazugeben und weiterschlagen, bis sich sanfte Spitzen bilden. Beim Schlagen langsam die zweiten 40 g Zucker hineinrieseln lassen.

4 In einer anderen mittelgroßen Schüssel (sie muss kalt sein!) schlagen Sie die Sahne steif und fügen dabei langsam die 2 EL Zucker hinzu.

5 Jetzt bringen wir alles zusammen! Das Eiweiß unter die Schokoladenmischung heben, um sie aufzulockern – aber nicht zu stark mischen, sonst fällt alles zusammen. Vorsichtig die Schlagsahne darunterheben – wiederum nicht so stark mischen!

6 Die Mousse auf 6 Gläser (oder Teetassen) verteilen, zudecken und mehrere Stunden kalt stellen. Nach Geschmack mit geraspelter Schokolade dekorieren. Ganz wunderbar!

FÜR 4

- Schwiegermutterbesuch
- Zwei mal zwei

SCHWIEGERMUTTER

Schwiegermutterbesuch

Ich wusste, wenn ich es schaffen könnte, die Mutter meines Mannes für mich zu gewinnen, würde mir der Rest seiner Familie aus der Hand fressen (wortwörtlich). Meine jetzige Schwiegermutter besuchte mich und meinen damaligen Freund vor vielen Jahren in Berlin. Ich machte ihr den Hof, indem ich zum Frühstück Blaubeer-Pancakes mit Ahornsirup backte (mitten im Winter???), denen folgte ein Abstecher zum Schloss Charlottenburg (wir übersprangen das Mittagessen) und dann dieses Dinner. Seit Jahren sind wir nun verheiratet, und immer noch schwärmt meine Schwiegermutter von diesem Essen! Eine gute Mahlzeit vergisst man eben einfach nie.

A STUNNING SALAD WITH VINAIGRETTE

Ein umwerfender Salat mit Vinaigrette

4 Portionen

ZUTATEN

1 Kopf Eichblattsalat oder ein anderer
   Salat, der gerade Saison hat
80 ml Balsamico
2 TL Zucker
2 TL Salz
2 Knoblauchzehen, zerdrückt und
   fein gehackt
1 TL Dijonsenf, nach Belieben
250 ml Pflanzenöl oder mehr,
   je nach Geschmack
frische Kräuter, fein gehackt, z. B.
   Basilikum, Thymian, Estragon oder
   Schnittlauch

1 Den Salat waschen, trocknen und zum Frischhalten in ein Küchenhandtuch einwickeln.

2 Für die Vinaigrette gilt: Fangen Sie immer mit dem Essig an. Füllen Sie ihn in einen Messbecher oder in eine Schüssel, in der später alle Zutaten Platz haben. Mit einem kleinen Schneebesen (unter ständigem Schlagen) folgende Zutaten in der angegebenen Reihenfolge hinzufügen: Zucker, Salz, den zerdrückten Knoblauch und den Senf.

3 Zum Schluss das Öl in einem feinen Strahl dazugeben, dabei ständig rühren. Probieren Sie! Die Vinaigrette ist fertig, wenn sie Ihnen auf der Zunge tanzt! Diese Vinaigrette hält sich gut im Kühlschrank. Machen Sie einfach ein ganzes Glas davon und verwenden es, bis es alle ist.

4 Zum Servieren das Dressing zum Salat geben, alles gut mischen und mit den Kräutern bestreuen.

Auf der nächsten Seite geht es weiter mit Variationen …

SALAD VARIATIONS

Salatvariationen

Wie alle guten Rezepte kann auch dieses variiert werden, um es den Gegebenheiten der Jahreszeit anzupassen. Denken Sie daran, nur ein Minimum an Salatdressing zu verwenden, und mischen Sie den Salat gründlich. Weniger ist mehr.

Hier eine Liste meiner Lieblingszutaten, die einen grünen Salat hervorragend ergänzen. Sie haben die Wahl. Kombinieren Sie Geschmack, Konsistenz, Farbe und Größe. Bleiben Sie bei dem, was Ihnen schmeckt, aber experimentieren Sie ruhig auch mal. Es gibt viel zu entdecken!

- angeröstete Nüsse und Kerne, z. B. Kürbis-, Pinien- oder Sonnenblumenkerne und/oder Walnüsse
- geriebener Parmesan
- geraspelte Karotten
- Frühlingszwiebeln, in Ringe geschnitten
- Thunfisch, im eigenen Saft
- Fenchel, in feinen Scheiben
- Rotkohl, fein geschnitten
- Champignons, fein geschnitten
- hart gekochte Eier, fein gehackt, gesalzen und gepfeffert
- Cocktailtomaten oder andere gute, reife, fruchtige Tomaten in Scheiben
- Artischockenherzen
- festkochende Kartoffeln, gewürfelt (s. S. 55)
- dünne grüne Bohnen, gekocht und abgekühlt (s. S. 67)
- Paprikaschoten, in Streifen geschnitten oder gewürfelt
- Sprossen
- Rucola
- Radicchio, fein geschnitten

CYNTHIAS TIPP

Ich bin schon oft gefragt worden, worin denn das Geheimnis einer »guten« Vinaigrette besteht. Die Antwort ist verblüffend einfach: kein Olivenöl, dafür einen wunderbaren Essig (Balsamico) verwenden. Ja, Olivenöl ist großartig, wenn Sie den Salat nur mit Öl und Essig anmachen. Aber bei einer Vinaigrette kommen so viele Aromen ins Spiel, dass Sie einfach kein spektakuläres Olivenöl brauchen. Ein großartiges Salatdressing sollte auf Ihrer Zunge tanzen, Sie aber nicht vor lauter Prickeln ersticken.

CROSTINI WITH TASTY TOPPINGS

Crostini mit Leckereien

Diese Crostini sind köstlich und ziemlich sättigend. Ich empfehle, nur zwei oder drei kleine Crostini pro Person vorzubereiten. Es gibt nichts Enttäuschenderes, als einen Hauptgang zu servieren, nur um festzustellen, dass alle von der Vorspeise satt sind. Richten Sie es so ein, dass Ihre Gäste immer noch mehr wollen.

4 Portionen

ZUTATEN

1 Kartoffelbrot oder ein anderes italienisches Brot mit schöner Kruste, in 2 cm dicke Scheiben geschnitten

1 Aubergine, in Scheiben

1 EL Olivenöl

500 g Zwiebeln, in feine Ringe geschnitten

2 EL Zucker

1 TL Stein- oder Meersalz

1 Peperoncino, zerdrückt

1 Handvoll getrocknete Tomaten, fein gehackt (oder eine dicke Tomatensauce)

100 g weicher Ziegenkäse

1 Handvoll schwarze Oliven, entsteint

2 EL Balsamico

100 g Parmesan, grob gerieben

1 Ofen auf 200 °C vorheizen. Wenn Ihr Ofen über einen integrierten Grill verfügt, setzen Sie ihn für die Crostini ein. Mit der Aubergine beginnen. Die Scheiben in ein Sieb legen, salzen und 30 Minuten ziehen lassen, dann trocken tupfen.

2 Karamellisieren Sie die Zwiebeln. Dazu Olivenöl in eine schwere Bratpfanne geben, gefolgt von Zwiebeln, Zucker, Salz und Peperoncino. 5 Minuten über ziemlich hoher Flamme anbraten. Hitze reduzieren, Deckel aufsetzen und noch einmal 20 Minuten garen, dabei gelegentlich rühren, damit die Zwiebeln nicht anbrennen. Sie sollten keine Farbe annehmen, sondern lediglich zusammenfallen.

3 In der Zwischenzeit die Auberginen braten, das Brot rösten und die anderen Beläge vorbereiten: Die getrockneten Tomaten fein schneiden, den Ziegenkäse zerkrümeln, die Oliven klein hacken.

4 Nachdem die Zwiebeln etwa 20 Minuten geschmort haben, den Balsamico hinzufügen und ohne Deckel 10 Minuten fertiggaren.

5 Das Zusammenstellen dieser Crostini gleicht dem Ankleiden von 15 Personen, die mit verschiedenen Kombinationen von Hemden, Hosen, Schuhen usw. ausgestattet werden. Fangen Sie immer mit einer Lage Zwiebeln an, gefolgt von 1 oder 2 Toppings. Und immer Käse zum Abschluss, der schön unter dem Grill schmilzt. Viel Spaß dabei.

6 Wenn alle Crostini fertig belegt sind, schieben Sie sie in den Ofen (oberste Schiene), für 5 Minuten oder bis der Käse schmilzt. Sofort servieren.

CYNTHIAS TIPP

Vergewissern Sie sich, dass das Brot wirklich trocken ist, fast schon »übertoasted«, so dass die Scheiben nicht gleich durchweichen. Trauen Sie sich und genießen Sie es! Hier kann nichts schiefgehen.

CHICKEN CACCIATORE

Hühnchen nach Jägerart

Chicken Cacciatore ist eines jener Gerichte, die in den 70ern und 80ern unendlich hip waren. Und wie vieles, was hip ist, litt auch dieses Gericht unter seiner Popularität. Ich stelle es Ihnen jetzt in einer modernen Version vor, voll lieb gewonnener Erinnerungen und mit viel Bewunderung: Jägerhühnchen.

6 Portionen

RÖSTGEMÜSE

1 große Zwiebel, in ca. 5 mm dicke Ringe geschnitten
4 große Knoblauchzehen, halbiert
4 Stangen Sellerie oder eine halbe Knolle Fenchel, halbiert und in ca. 3 cm lange Stücke geschnitten
1 rote Paprikaschote, in dünnen Streifen
1 grüne Paprikaschote, in dünnen Streifen
150 g kleine Champignons (oder größere, geviertelt)
1–2 Zweige Rosmarin
etwas Steinsalz
2 EL Olivenöl

HUHN

2 EL Olivenöl
2 Zweige Rosmarin
1 Huhn, in 8 Stücke zerteilt, oder ungefähr 1 kg Hähnchenkeulen
375 ml Rot- oder Weißwein
1 Peperoncino, zwischen den Fingern zerrieben
1/2 TL getrocknete Fenchelsamen, zerstoßen
1 große Dose (800 g) geschälte Tomaten
1/2 TL Zucker
1/2 TL Salz oder mehr, nach Geschmack
schwarzer Pfeffer, frisch gemahlen

1 Ofen auf 185 °C vorheizen. Holen Sie Ihr größtes Backblech heraus. Alle Gemüse fürs Rösten zurechtschneiden, samt Rosmarin in eine große Schüssel geben und mit Steinsalz und Olivenöl mischen. Gleichmäßig auf dem Backblech verteilen und ungefähr 25 Minuten backen.

2 2 EL Olivenöl in einen großen Topf geben, der später das ganze Jägerhuhn aufnehmen kann. Öl erhitzen, Rosmarin dazugeben und das Hühnchen anbraten (in mehreren Portionen, damit sich die Hühnerstücke im Topf nicht drängen und nicht gedämpft statt gebraten werden), jeweils etwa 6 Minuten auf jeder Seite. Sie sollten nur etwas gebräunt, noch nicht durchgebraten sein. In eine Schüssel legen. Den Rosmarin noch im Topf lassen.

3 Den Wein in den Topf gießen, Peperoncino und Fenchel hinzufügen und um die Hälfte einkochen. Jetzt die Tomaten zwischen den Fingern zerquetschen und samt Saft hinzufügen. Zum Kochen bringen, zuckern und salzen. Über mittlerer Flamme ungefähr 10 Minuten kochen, damit sich die Aromen verbinden.

4 Die Hühnerstücke hinzufügen, über mittlerer Flamme 25 Minuten kochen, von Zeit zu Zeit mit der Sauce übergießen.

5 Nach 25 Minuten das geröstete Gemüse dazugeben und weitere 10 Minuten garen. Mit Scheiben gebratener Polenta servieren.

Auf der nächsten Seite geht es weiter mit der Polenta …

ROSEMARY POLENTA

Rosmarin-Polenta zum Jägerhühnchen

*Bereiten Sie die Polenta **lange** vor dem Chicken Cacciatore zu (mehrere Stunden), damit sie vollständig auskühlen und fest werden kann.*

4 Portionen

ZUTATEN

160 g ungesalzene Butter
1 1/2 EL Olivenöl
2 klein gehackte Knoblauchzehen
1 Peperoncino
1/2 TL frische Rosmarinnadeln, gehackt
1/4 TL Salz
schwarzer Pfeffer, frisch gemahlen
350 ml Hühnerbrühe
125 g Sahne
350 ml Milch
180 g Maisgrieß (Polenta)
25 g geriebener Parmesan
Mehl, Olivenöl und Butter zum Braten

1 Butter und Olivenöl in einem großen Topf erhitzen. Knoblauch, Peperoncino, Rosmarin, Salz und Pfeffer hinzufügen und 1 Minute anbraten.

2 Hühnerbrühe, Sahne und Milch hinzufügen und zum Kochen bringen. Von der Flamme nehmen und langsam den Maisgrieß in die heiße Flüssigkeit rieseln lassen, dabei ständig mit einem Schneebesen rühren. Am meisten Spaß macht es, die Polenta mit der Hand aufzunehmen und sie wie Sand langsam durch die Finger in die heiße Flüssigkeit rieseln zu lassen, während Sie mit der anderen Hand rühren. Über kleiner Flamme kochen, einige Minuten ständig rühren, bis die Masse dick wird und blubbert. Von der Flamme nehmen und den Käse einrühren.

3 In eine Backform gießen (24 x 32 cm oder 24 x 24 cm) und die Oberfläche glatt streichen. Für etwa 3 Stunden in den Kühlschrank stellen, bis sie fest und kalt ist. Die Polenta muss wirklich gut durchkühlen, da sie sich sonst nicht so gut schneiden und braten lässt!

4 Die Polenta in 12 Quadrate schneiden. Jedes mit einem Pfannenheber herausheben und diagonal in Dreiecke schneiden. Jedes Dreieck leicht in Mehl wenden. Je 1 EL Olivenöl und Butter in einer großen Pfanne erhitzen und die Dreiecke darin über mittlerer Flamme etwa 5 Minuten braten, dabei einmal wenden, bis sie außen gebräunt und innen erwärmt sind. Nach Bedarf mehr Butter und Öl hinzufügen. Sofort mit dem Jägerhuhn servieren. Es wird Ihnen auf der Zunge zergehen!

AMBROSIA

Ambrosia

Dieses Gericht essen Südstaatler am Ende einer Mahlzeit (oder zwischen den Gängen), um ihr Gewissen ob der Dinge, die zuvor serviert wurden, zu erleichtern. Mit anderen Worten: Wenn Sie gerade ein ziemlich reichhaltiges Mahl mit Ihren Schwiegereltern hinter sich gebracht haben, können Sie sie jetzt mit einem klassischen, leichten Fruchtdessert beeindrucken. Wer braucht schon Schokolade?

4 Portionen

ZUTATEN
6 Navel-Orangen
1 reife Ananas
1 Tasse Kokosraspel
1 Prise Meersalz
3 EL Grappa, Grand Marnier oder Orangensaft

1 Orangen schälen, dabei vorsichtig alles Weiße entfernen. Die Orangen über einer Schüssel in Scheiben schneiden, um allen Saft aufzufangen. Runde Scheiben sind am hübschesten, halten am besten zusammen und sind am leichtesten zu schneiden.

2 Ananas schälen, den Strunk in der Mitte entfernen und das Fruchtfleisch in Würfel schneiden.

3 Die restlichen Zutaten dazugeben und vorsichtig mischen. Zudecken und mehrere Stunden in den Kühlschrank stellen, bevor Sie das Ambrosia servieren. Arrangieren Sie es in Ihrer hübschesten Glasschüssel. Es wird wunderbar aussehen, und wer weiß, vielleicht wird ja eine Gewohnheit daraus.

TWO TIMES TWO

Zwei mal zwei

Ein Essen für vier als Dinner für den Abend oder als spontaner Lunch zur Mittagszeit: Irgendwie ist es viel persönlicher, wenn Leute zu uns kommen und wir sie bekochen, als wenn wir uns nur für ein paar Stunden in einem Restaurant treffen. Und außerdem können wir essen, wie es uns gefällt: langsam oder schnell, mit Pausen zwischendurch, ganz ohne Druck. Manchmal bin ich in der Küche noch nicht ganz fertig, wenn die Freunde eintreffen. Dann legen sie sich begeistert ins Zeug und kochen mit.

PEAR SALAD

Birnensalat

4 Portionen

ZUTATEN
1 Kopf knackiger Römersalat oder jeder
  andere saisonale Salat (kein Eisberg-
  salat)
200 g Frühstücksspeck, gewürfelt
100 g Walnüsse, leicht angeröstet und
  grob gehackt
100 g Blauschimmelkäse, zerkleinert
einige Chicoréeblätter, in dünnen
  Streifen
etwas Radicchio, in dünnen Streifen
1 wunderschöne Birne

VINAIGRETTE
von Seite 73

1 Salat waschen und trocknen, zum Frischhalten in ein Küchenhandtuch einrollen und in den Kühlschrank legen.

2 Den Speck braten und in die Salatschüssel geben.

3 In einer Bratpfanne (ohne Öl!) die Walnüsse rösten und sie in die Schüssel geben, gefolgt von dem Käse, Chicorée, Radicchio und Salat. (Birne und Dressing kommen erst direkt vor dem Servieren dazu.)

4 Wenn Sie so weit sind, schneiden Sie die Birne in kleine Würfel (sie muss nicht geschält werden), mischen sie unter den Salat, geben die Vinaigrette dazu, und voilà, das Mahl kann beginnen.

SPAGHETTI AND MEATBALLS

Spaghetti mit Fleischklößchen

Amerikaner halten Spaghetti mit Fleischklößchen nicht für italienisch. Vielmehr glauben sie, das Gericht sei von Amerikanern für Amerikaner erfunden worden. Das fiel mir auf, als die Großmutter eines Freundes, geboren und aufgewachsen in der Bronx, auf die Frage, was denn ihr liebstes amerikanisches Gericht sei, »spaghetti and meatballs« antwortete. Zunächst war ich ein wenig überrascht, aber dann wurde mir klar, dass Amerikaner sich Dinge gern aneignen und in ihre eigenen verwandeln, insbesondere, wenn es ums Essen geht. Warum auch nicht?

4 Portionen

SAUCE

2 EL Olivenöl
1 EL Butter
1 Zwiebel, fein gehackt
1 Karotte, fein gewürfelt
1 Selleriestange, fein gewürfelt
2 Knoblauchzehen, sehr fein gehackt
2 große Dosen italienische Eiertomaten
Zucker
Salz
frisches Basilikum oder Petersilie,
  gehackt
Pfeffer

FLEISCHKLÖSSCHEN

1 Scheibe Kartoffelbrot oder anderes
  Weißbrot, ohne Kruste
80 ml Milch, warm
750 g mageres Rinderhack (oder
  eine Mischung aus Rind und Schwein)
30 g frisch geriebener Parmesan
1 kleine Zwiebel, fein gehackt
3 EL Basilikum oder Petersilie, gehackt
1 großes Ei
frisch geriebene Muskatnuss
Salz und Pfeffer

500 g Spaghetti (oder die Polenta
  von Seite 81)

1 Olivenöl und Butter über mittlerer Flamme in einem großen Topf erhitzen. Gemüse hinzufügen und etwa 8 Minuten anbraten. Die Tomaten mit der Hand zerquetschen und samt Saft in den Topf geben. Zum Kochen bringen, Zucker und Salz hinzufügen und die Hitze reduzieren. Köcheln lassen, bis die Sauce dick wird, etwa 45 Minuten.

2 Gehacktes Basilikum oder Petersilie untermischen. Mit Salz und Pfeffer abschmecken. Sauce beiseitestellen.

3 Ofen auf 185 °C vorheizen. Ein Backblech leicht einölen. Brot und Milch in einer mittelgroßen Schüssel vermischen, dabei das Brot mit der Gabel zerpflücken. Die übrigen Zutaten dazugeben und mit den Händen gut, aber sanft vermengen. Wir wollen hier keine schweren Buletten machen. Mit nassen Händen 3 cm große Kügelchen formen. Diese Golfbälle auf das Backblech setzen. Backen, bis die Klößchen hellbraun und durchgegart sind, ungefähr 30 Minuten. In die Sauce geben.

4 Die Spaghetti in einem großen Topf mit gesalzenem Wasser kochen, bis sie al dente sind, also noch Biss haben. Abgießen und auf einen Servierteller geben. Die Sauce mit den Klößchen zum Köcheln bringen. Über die Spaghetti verteilen und den frisch geriebenen Parmesan dazu reichen. Und vergessen Sie nicht, sich die Serviette in den Hemdkragen zu stopfen! Schmeckt auch mit Polenta großartig.

CYNTHIAS TIPP

Probieren Sie diese Fleischklößchen doch auch mal mit Polenta statt mit Pasta!

GRANOLA COOKIES WITH VANILLA ICE CREAM

Müslikekse mit Vanilleeis

Betrachten wir diese Cookies doch ganz einfach als die gesündesten (tatsächlich?), die es sich leisten können, mit dem besten Vanilleeis, das es gibt, gegessen zu werden. (Ich liebe Häagen Dazs!)

4 Portionen

ZUTATEN

280 g Mehl
1 TL Natron
1 TL Salz
250 g weiche Butter
260 g Zucker
1 TL Sirup (Grafschafter Goldsaft)
2 Eier
400 g Ihres Lieblingsmüslis, egal ob *crunchy* oder *basic*
250 g Zartbitterschokolade, gehackt
4 Kugeln Vanilleeis

1 Ofen auf 190 °C vorheizen.

2 Mehl, Natron und Salz abmessen und mischen. Beiseitestellen.

3 Mit einer Küchenmaschine oder einem elektrischen Handmixer die weiche Butter, den Zucker und den Sirup verquirlen, bis die Mischung leicht und fluffig ist, etwa 3 Minuten. Eier hinzufügen und nochmals 3 Minuten schlagen, bis das Ganze noch leichter und noch fluffiger wird.

4 Die Mehlmischung dazugeben und mit einem Holzlöffel einrühren, bis alles grob vermengt ist (nicht »übermischen«).

5 Müsli und Schokolade hinzufügen und vorsichtig mit dem Holzlöffel unterrühren.

6 Jetzt machen Sie die Cookies, indem Sie große Tropfen von einem Löffel auf das Backblech geben und leicht andrücken. Die Entscheidung, wie groß die Cookies sein sollen, liegt ganz bei Ihnen, achten Sie nur darauf, dass sie gleich groß sind, damit sie gleichmäßig backen.

7 Je nach Größe backen die Cookies 10–13 Minuten. Auf dem Blech 5 Minuten abkühlen lassen, bevor Sie sie auf ein Gitter legen.

8 Servieren Sie je zwei Kekse als Sandwich mit einer Kugel Eiscreme in der Mitte, oder nehmen Sie zwei Kugeln Eiscreme, und platzieren Sie ein Cookie schräg obenauf, so dass es wie eine Schirmmütze aussieht.

FÜR 6 & MEHR

- Ostern
- Seder

EASTER

Ostern

Ostern bedeutet für mich, dass der Frühling kommt! Nach einem langen, kalten und dunklen Winter ist mir diese Verwandlung sehr willkommen. Krokusse, Narzissen und Tulpen sind das Licht am Ende des Tunnels und fallen mit den Osterfeierlichkeiten zusammen. In meiner Kindheit war Ostern kein wirklich religiöses Fest für mich. Alles drehte sich um den Osterhasen und die Suche nach den Schoko-Eiern, die er versteckt hatte. Und dann war da noch ein Hauch von Essig in der Luft, wenn wir hart gekochte Eier in allen nur erdenklichen Farben gefärbt hatten. Egal, ob es um die Jahreszeit, das Essen oder den religiösen Feiertag geht, motten Sie jetzt Ihre langen Unterhosen ein und feiern Sie die Ankunft des Frühlings!

GOAT CHEESE POPOVERS

Ziegenkäseküchlein

18 Küchlein in Muffingröße oder
36 im Minimuffinformat

ZUTATEN
280 g Mehl
1/2 TL Salz
1/2 TL Backpulver
500 ml Milch
4 Eier (L), Zimmertemperatur
2 EL zerlassene Butter
1/4 TL Thymian
100 g Ziegenfrischkäse (chevre),
    zerkrümelt

Butter zum Einfetten der Backformen*

* So sehr mir beschichtetes Kochgeschirr widerstrebt, beschichtete Muffinformen sind in diesem Fall tatsächlich die bessere Wahl. Festklebende Popovers aus den Formen herauszufummeln, gleicht einer Katastrophe!

1 Den Ofen *nicht* vorheizen. Die Popovers werden in den kalten Ofen geschoben und dann gebacken! Die Muffinform mit Butter einfetten.

2 In einer mittelgroßen Schüssel Mehl, Salz und Backpulver vermengen. Milch in einem schweren, kleinen Topf oder in der Mikrowelle erhitzen, bis sie warm ist (dieser Schritt ist sehr wichtig).

3 Eier in einer großen Schüssel verschlagen. Langsam die warme Milch darunterrühren, gefolgt von der zerlassenen Butter. Die Mehlmischung und den Thymian in die Milch rühren, bis alles gerade so

zusammenkommt (der Teig kann ruhig noch ein wenig klumpig sein).

4 Den Teig mit einem Löffel auf die Muffinmulden verteilen (etwa 125 ml je Mulde). Jeweils mit ein paar Bröckchen Ziegenkäse krönen. Die Popovers in den Ofen schieben und auf 200 °C erhitzen. Nach 20 Minuten die Temperatur auf 185 °C reduzieren und weitere 20 Minuten backen oder bis sie goldbraun sind. Die Popovers aus der Backform nehmen und oben bzw. seitlich etwas einschlitzen, damit der Dampf entweichen kann und sie nicht zusammenfallen. Sofort servieren!

CYNTHIAS TIPP
Ideal zum Osterlammeintopf (Seite 97). In einer Backform für Minimuffins gebacken, machen sich die Popovers hervorragend als Amuse-Gueule.

PEA SOUP

Erbsencremesuppe mit frischer Minze

Mit dieser Suppe können Sie das ganze Jahr den Frühling herbeizaubern. Sie schmeckt heiß oder kalt wunderbar. Nehmen Sie frische Erbsen, wenn Sie Zeit haben, sonst schmecken auch gefrorene hervorragend und gestatten es Ihnen, die Suppe in Rekordzeit zuzubereiten.

6–8 Portionen

ZUTATEN

3 Frühlingszwiebeln (mit Grün), in
   Ringe geschnitten
3 EL Butter
1 kg gefrorene Erbsen (Ich liebe die
   gefrorenen aus dem Bioladen!)
einige grüne Salatblätter, z. B.
   Kopfsalat
1/2 TL Salz
1 Prise Zucker
1,2 l Hühnerbrühe oder Bouillon
1 kleines Bund frische Minze (ca. 25 g)
250 g Sahne
Salz
Pfeffer

1 In einem großen, schweren Topf Frühlingszwiebeln in Butter über mäßig kleiner Flamme braten, gelegentlich rühren, bis sie weich sind. Erbsen, Salatblätter, Salz, Zucker und Brühe hinzufügen. Ohne Deckel köcheln, bis die Erbsen gar sind, ca. 15 Minuten.

2 Rühren Sie die Minzeblätter hinein, und nehmen Sie den Topf von der Flamme (kochen Sie die Minzeblätter nicht in der Suppe, sonst entfaltet sich das Aroma zu stark). Die Suppe in einer Küchenmaschine oder einem Mixer in mehreren Durchgängen pürieren, bis sie sehr sämig ist (Vorsicht beim maschinellen Pürieren heißer Flüssigkeiten!), jeden Schwung Suppe durch ein Sieb in eine große

Schüssel passieren. Sie können auch eine »flotte Lotte« verwenden, die sogar besser geeignet ist, weil die Suppe beim Pürieren gleichzeitig passiert wird. Achten Sie darauf, dass die Suppe nicht zu dick ist. Eventuell etwas Wasser oder Brühe dazugeben.

3 Sahne in die Suppe rühren und mit Salz und Pfeffer abschmecken. Wenn Sie die Suppe kalt servieren möchten, decken Sie sie zu und stellen sie kalt. Wenn Sie die Suppe heiß auftragen wollen, erhitzen Sie sie, aber lassen Sie sie nicht kochen. Mit Minzeblättern garnieren.

SEDER

Seder

Haben Sie schon einmal an einem Seder teilgenommen, dem traditionellen jüdischen Feiertagsmahl zum Pessachfest? Wenn nicht, dann wird's höchste Zeit. Ein großartiges Festessen, angefüllt mit symbolischen Speisen, und während des Mahls wird aus der Haggadah vorgelesen, die den Auszug der Israeliten aus Ägypten beschreibt. Es ist so bewegend, dass wirklich jeder, einerlei, welchen Glaubens er ist, begreift, was Freiheit und Versklavung bedeuten.

Pessach erstreckt sich über acht Tage, und in dieser Zeit darf nur ungesäuertes Brot verzehrt werden (das bedeutet, dass keine Backtriebmittel wie Hefe, Sauerteig usw. eingesetzt werden dürfen). Zum Seder versammeln sich traditionell ganz viele Menschen: Familie, Freunde, Nachbarn und Kinder. In der Vergangenheit waren wir manchmal bis zu 40 Personen. Deshalb müssen die Speisen einfach und in großen Mengen herzustellen und zu servieren sein und dabei immer noch wunderbar schmecken! Teilen Sie sich Ihre Zeit ein. Manches schmeckt aufgewärmt am zweiten oder dritten Tag besser (der Kalbseintopf oder die Matzeknödel-Suppe). Charosset kann Tage im Voraus zubereitet werden, aber Kugel muss unbedingt ganz frisch sein.

Eins der Hauptbestandteile eines Seders ist der Sederteller, auf dem sich die folgenden symbolischen Speisen wiederfinden:

Karpas: Staudensellerie, Petersilie oder Kerbel werden in Salzwasser (symbolisiert die Tränen) gestippt, was zurückgeht auf die »60 Myriaden« Israeliten, die gezwungen waren, Fronarbeit zu verrichten. Es ist auch ein Symbol der Wiedergeburt im Frühjahr.

Seroa: Der geröstete Lammknochen steht symbolisch für das Opfer im Tempel zu Jerusalem und das Wunder des Pessachfestes. Vor den letzten zehn Plagen wurden die Israeliten aufgefordert, das Blut eines Lammes an ihre Türpfosten zu streichen, damit der Todesengel an ihren Türen vorüberginge (Pessach bedeutet so viel wie »vorübergehen«, daher »Passover« im Englischen).

Betzah: Das gesottene Ei (hart gekochtes Ei) steht für das Festopfer, das für den Tempel dargebracht wird, außerdem für Fruchtbarkeit und die Trauer über den von den Römern zerstörten Tempel.

Maror: Meerrettich ist das bittere Kraut, das an die Sklaverei in Ägypten erinnert.

Charosset: Die fruchtig-nussige Mischung symbolisiert die Ziegelsteine und den Lehm, mit denen die Juden als Sklaven in Ägypten arbeiteten.

PERSIAN CHAROSSET — Persisches Charosset, ungekocht

10 Portionen

ZUTATEN
25 Datteln, entsteint und gehackt
70 g Pistazien, ungesalzen, fein gehackt
70 g Mandeln, fein gehackt
1 großer Apfel, geschält, entkernt und klein gewürfelt
1 Granatapfel, aufgeschnitten und alle Kerne herausgeklopft
1 Orange, geschält, entkernt und in Stücke geschnitten
1 Banane in Scheiben (nach Belieben)
125 ml–250 ml süßer Wein oder Traubensaft
125 ml Apfelessig
1 TL Cayennepfeffer (nur wenn Sie möchten, aber köstlichst, trauen Sie sich!)
1 TL gemahlene Nelken
2 TL gemahlener Kardamom
1 TL Zimt
2 TL schwarzer Pfeffer, frisch gemahlen

Charosset ist eine Mischung aus Früchten, Gewürzen und Nüssen, die den Lehm für den Pyramidenbau in Ägypten symbolisiert. Es gibt sehr viele verschiedene Sorten von Charosset, je nachdem, aus welchem Land oder welcher Region es kommt. Der kulinarische Zweck von Charosset ist der Gegensatz, den es zur salzigen Bitterkeit des Marors (bittere Kräuter) bildet, die ebenfalls auf keinem Sedertisch fehlen dürfen. Diese beiden Gerichte, deren Ursprünge sich ins Jahr 90 v. Chr. zurückverfolgen lassen, werden zum Seder zwischen zwei Stück Matze gegessen. Wir haben oft ein Glas mit Charosset im Kühlschrank und essen es zu Brot, Joghurt oder warmem Haferbrei das ganze Jahr über. Hier zwei verschiedene Varianten ... aber der Fantasie sind natürlich keine Grenzen gesetzt.

Alle Früchte und Nüsse vermengen. Die Flüssigkeiten dazugießen und rühren, bis das Ganze leicht zähflüssig wird. Gewürze einstreuen und gut vermischen. Zudecken und in den Kühlschrank stellen.

ITALIAN CHAROSSET Charosset aus Italien, gekocht

10 Portionen

ZUTATEN
3 Äpfel, geschält, entkernt und sehr fein gehackt
2 Birnen, geschält, entkernt und sehr fein gehackt
500 ml süßer Rot- oder Weißwein ODER eine Mischung aus frischem Orangen- und Zitronensaft
50 g Pinienkerne
50 g gemahlene Mandeln
250 g Datteln, entsteint und gehackt
100 g helle Rosinen
100 g Backpflaumen, entsteint und gehackt
100 ml Honig, oder je nach Geschmack auch weniger
1 TL Zimt
1/2 TL gemahlener Ingwer

Alle Zutaten in einen Kochtopf geben und 1 Stunde langsam garen lassen, dabei gelegentlich umrühren. Sollte die Mischung trocken werden, gießen Sie ein bisschen Wasser oder Saft nach. Abkühlen lassen, zudecken und in den Kühlschrank stellen.

MATZO BALL SOUP

Matzeknödel-Suppe

Hühnersuppe wird in New York jüdisches Penicillin genannt, und die Matzeknödelsuppe ist eine enge Verwandte. Das ist echte New Yorker Deli-Kost und in jedem Delicatessen in Manhattan zu finden, vom Carnegie bis zum berühmten 2nd Avenue Deli. Sparen Sie sich die Reise, und machen Sie die Suppe zu Hause!

10 Portionen

BRÜHE

1 Huhn (1,5 kg), in 8 Stücke geschnitten, gründlich gewaschen, überschüssige Haut und Fett entfernt (KEIN Suppenhuhn – zu fett und abscheuliches Fleisch)

5 l Wasser

2 EL Salz

3 mittelgroße Zwiebeln, ungeschält, mit je 5 Gewürznelken gespickt

3 Karotten, gewaschen, schälen nicht nötig

3 Pastinaken, gewaschen, schälen nicht nötig

4 große Selleriestangen, in 4 cm lange Stücke geschnitten

10 Pfefferkörner

10 große, frische Dillstängel

10 große, frische Stängel glatte Petersilie

GEMÜSEEINLAGE

2 Karotten, geschält und in feine Scheiben geschnitten

2 Selleriestangen, dünn geschnitten

1–2 Pastinaken, geschält und fein gewürfelt

MATZEKNÖDEL (30 Stück)

3 Eier (L)

1 1/2 EL Pflanzenöl

1/2 TL Salz

90 ml Mineralwasser (mit Kohlensäure)

100 g Matzenmehl

1 Das Wasser mit dem Salz in einem großen, schweren Topf zum Kochen bringen. Das Huhn hinzufügen. Wieder aufkochen lassen, abschäumen. Kochen, bis die Brühe klar wird, dann Zwiebeln, Karotten, Pastinaken, Sellerie und die Pfefferkörner dazugeben. Bei leicht geöffnetem Deckel über kleiner Flamme köcheln, bis Huhn und Gemüse gar sind, etwa 2 Stunden. *Nicht* sprudelnd kochen lassen, sonst wird die Brühe trüb.

2 Nach 2 Stunden Dill und Petersilie dazugeben und weitere 10 Minuten köcheln. Von der Flamme nehmen, durch ein Sieb in einen sauberen Topf gießen und das Huhn aufheben. (Bis hierhin kann die Suppe 2 Tage im Voraus gemacht werden. Offen abkühlen lassen, dann Deckel drauf und ab in den Kühlschrank.)

3 Wenn Sie mit der Suppe weitermachen möchten, gehen Sie wie folgt vor: Haut vom Huhn entfernen und so viel Fleisch wie möglich in mundgerechte Stücke zupfen und in einer Schüssel beiseitestellen.

4 Die Brühe entfetten und zum Kochen bringen. Das vorbereitete Gemüse und das Fleisch in die Brühe geben und 15 Minuten köcheln, bis das Gemüse gar ist. Abschmecken und die Matzeknödel (Rezept siehe unten) dazugeben, um sie zu erwärmen. Genießen Sie ein wenig New Yorker Flair!

MATZEKNÖDEL, SEHR FLUFFIG

1 Eier mit einer Gabel verschlagen. Alle anderen Zutaten hinzufügen und gut vermischen. Zudecken und mindestens 2 Stunden in den Kühlschrank stellen. **2** Hände in kaltes Wasser tauchen (sehr wichtig, sonst klebt's!) und ungefähr 30 Knödel formen (ca. 2 cm Durchmesser). Sie gewinnen beim Kochen an Umfang und sollten nicht zu groß werden. **3** In einem großen Topf reichlich Wasser zum Kochen bringen, etwas Salz dazugeben und die Matzeknödel ins Wasser geben. Bei nicht ganz geschlossenem Deckel 20 Minuten köcheln lassen, bis die Matzeknödel weich sind. In die Suppe geben und servieren. Rechnen Sie 2–3 Matzeknödel pro Portion.

GEFILTE FISH TERRINE

Gefillte-Fisch-Terrine

Gefillte-Fisch-Terrine ist ein kulinarisches Wunder und hat nichts zu tun mit den gummiartigen gefillte Fisch, die traditionell am Sedertisch gereicht werden. Hier können Sie den Beweis antreten! Ein hervorragendes Gericht auch zu jeder anderen Jahreszeit!

10 Portionen

ZUTATEN

650 g Fischfilets (Ich mag Lachs oder
   eine Kombination von verschiedenen
   weißfleischigen Fischen wie Kabeljau
   oder Hecht.)
2 Zwiebeln (300 g), geschält und
   gewürfelt
1 EL Pflanzenöl
2 große Eier
250 ml Wasser
3 EL Matzenmehl
1 TL Salz
1 TL weißer Pfeffer
1 EL Zucker
1 große Karotte, geschält und geraspelt

HORSERADISH SAUCE

2 Knoblauchzehen
100 ml Meerrettich aus dem Glas
2 EL frisch gepresster Zitronensaft
250 ml Mayonnaise

1. Ofen auf 180 °C vorheizen. Eine Terrine mit Deckel (25 x 10 cm) ausbuttern. Den Fisch in einer Küchenmaschine oder einem Fleischwolf zerkleinern. Aber nicht zu fein, es sollte kein Püree daraus werden.

2. Zwiebeln in Öl anbraten, bis sie glasig, aber nicht braun sind. Abkühlen lassen.

3. Alle Zutaten außer der geraspelten Karotte in eine Schüssel geben und einige Minuten gründlich durchschlagen. Die geraspelte Karotte hinzufügen und gut mischen.

4. In die Terrinenform füllen, den Deckel daraufsetzen (notfalls auch Alufolie) und in einem Wasserbad (ein Bräter oder ein Backblech mit einer Wasserhöhe von 2–3 cm) 1 Stunde backen.

5. Abkühlen lassen und einige Stunden oder über Nacht in den Kühlschrank stellen.

6. Zum Servieren fahren Sie mit einem Messer an der Seite der Terrine entlang und wenden das Gefäß vorsichtig, um die Terrine auf eine Platte zu stürzen. In 2 cm dicke Scheiben schneiden und mit der Meerrettichsauce servieren.

HORSERADISH SAUCE
Meerrettichsauce

Den Knoblauch schälen, zerdrücken oder reiben und in eine Rührschüssel geben. Die anderen Zutaten hinzufügen und rühren, bis alles vermischt ist. Abdecken und kalt stellen. Kann einen Tag im Voraus zubereitet werden.

VEAL STEW WITH WILD MUSHROOMS Kalbsragout mit Waldpilzen

Beim Pessachfest geht es um die Befreiung aus der Sklaverei, und das sollten wir auch auf die Küche übertragen. Dieses wunderbare Gericht sättigt 8 Personen und mehr. Je mehr Menschen, desto weniger Arbeit für Sie. Kalkulieren Sie daher großzügig, kochen Sie einen Tag im Voraus, wärmen Sie es sanft wieder auf, und genießen Sie ein ganz besonderes Mahl. Passt perfekt zur Birnen-Apfel-Kugel (Seite 111).

10 Portionen

ZUTATEN

1 kg Kalbsschulter ohne Knochen ODER Lammgulasch, in 3 cm große Würfel geschnitten
Salz und frisch gemahlener Pfeffer, eine ordentliche Menge
Matzenmehl und/oder Kartoffelstärke zum Bestäuben
6 EL Butter (für das Fleisch)
6 EL Olivenöl (für das Fleisch)

1 mittelgroße Zwiebel, gehackt
3 Selleriestangen, dünn geschnitten
1 Knoblauchzehe, sehr fein gehackt
1 EL Butter (für das Gemüse)
1 EL Olivenöl (für das Gemüse)
250 ml Weißwein
125 ml Marsala
500 ml Rinderbrühe oder Bouillon
ein paar Zweige frischer Thymian
250 ml heißes Wasser
30 g gemischte getrocknete Pilze
Salz, Pfeffer

GREMOLATA

1 TL geriebene Zitronenschale (ohne das Weiße!)
1/2 Knoblauchzehe, geschält, sehr fein gehackt oder zerdrückt
1 EL Petersilie, fein gehackt
einige Salbeiblätter, nach Belieben

1 Einen großen, schweren Topf verwenden. Ein gusseiserner Schmortopf mit Deckel ist ideal für diesen Zweck. Darin die Butter mit dem Öl zerlassen. Das Kalbfleisch würzen und in Matzemehl und der Kartoffelstärke wenden. Überschüssiges Mehl abschütteln und sofort im zerlassenen, heißen Fett anbräunen. Braten Sie das Fleisch in 3 Portionen an, damit es sich nicht im Topf drängt. Nehmen Sie je Portion 2 EL Butter und 2 EL Olivenöl. Die gebräunten Kalbswürfel auf einem Teller für später beiseitestellen.

2 In dem gleichen Topf wird jetzt das Gemüse (Zwiebel, Sellerie und Knoblauch) in 1 EL Butter und 1 EL Olivenöl mehrere Minuten angebraten, bevor Wein und Marsala hinzukommen. Die Flamme hochdrehen, Angesetztes vom Boden des Topfes abkratzen und die Flüssigkeit etwa 2 Minuten kochen lassen, ehe Sie das Fleisch hinzufügen.

3 Flamme reduzieren, die Hälfte der Brühe angießen, den Thymian hinzufügen und mit Salz und Pfeffer abschmecken. Bei etwas geöffnetem Deckel ca. 40 Minuten sanft köcheln. Alle 15 Minuten nachsehen und umrühren. Mehr Brühe dazugeben, wenn nötig.

4 In dieser Zeit die Pilze etwa 20 Minuten in heißem Wasser einweichen. Dann die Pilze herausnehmen, das Einweichwasser durch ein Sieb gießen und aufheben, und die Pilze nach den ersten 40 Minuten Kochzeit zum Ragout geben. Sollte das Ragout etwas trocken wirken, ein wenig Pilzwasser angießen.

5 Nochmals 40 Minuten mit leicht geöffnetem Deckel köcheln und gelegentlich umrühren. Wenn Sie das Ragout einen Tag im Voraus zubereiten, hören Sie jetzt auf.

6 Für die Gremolata alle Zutaten vermischen.

7 Das Ragout unmittelbar vorm Servieren wieder aufwärmen und die Gremolata hinzufügen. Eccolo! Nach der Matzeknödelsuppe (Seite 104) auftragen und die Birnen-Apfel-Kugel (Seite 111) dazu reichen.

PEAR AND APPLE KUGEL

Birnen-Apfel-Kugel

Es gibt zwei Grundtypen von Kugel, die aus Nudeln (loshken kugel) und solche aus Kartoffeln (potato kugel).
Sie können süß oder herzhaft sein, Beilage oder Nachtisch, sind bestimmt deutschen Ursprungs und fehlen nie auf
dem jüdischen Festtagstisch. Diese Kugel hat eine leichte Süße und passt perfekt zu Fleisch, Pute oder Hühnchen.

10 Portionen

ZUTATEN

500 g Eierbandnudeln, je breiter,
    desto besser
125 g Butter oder Margarine (aufgrund
    der Speisegesetze verwenden koscher
    lebende Juden hier nur Margarine)
2 große Eier
50 g Zucker
1/2 TL Zimt
1 Apfel, geschält und grob geraspelt
1 Birne, geschält und grob geraspelt
1 Nashi-Birne, geschält und grob
    geraspelt
200 ml Orangensaft
Saft einer halben Zitrone
100 g Rosinen

1 Ofen auf 180 °C vorheizen.
Eine Keramik- oder Glasbackform
(22 x 34 cm oder ø 30 cm) ausbuttern.

2 Nudeln 10 Minuten kochen, abgießen und gut abtropfen lassen, in
eine Rührschüssel geben.

3 Butter oder Margarine zu den
Nudeln hinzufügen und rühren, bis
sie schmilzt.

4 Eier mit Zucker und Zimt verschlagen und zu den Nudeln geben.

5 Die restlichen Zutaten hinzufügen,
gut, aber vorsichtig umrühren und
in die Backform füllen. Achten Sie
darauf, dass alle Rosinen in der
Kugel versteckt sind – wenn sie
oben rausgucken, brennen sie an!

6 Etwa 1 Stunde backen, abhängig
davon, wie viel Kruste Sie mögen.
Die Oberfläche nach einer halben
Stunde begutachten. Wenn sie zu
braun wird, mit etwas Folie abdecken. Während der letzten 5 Minuten Backzeit die Folie wieder abnehmen. Warm oder kalt servieren.

LEMON SPONGE CAKE

Zitronen-Orangen-Kuchen, leicht & luftig

Ein wirklich fantastischer Kuchen. Wenn Sie kein Matzemehl bekommen, ist das kein Grund zur Panik. Verwenden Sie einfach Stärke. Wie auch immer, der Kuchen ist so leicht und delikat, perfekt mit Erdbeeren oder frischen Pfirsichen. Freunde beknien mich regelrecht, diesen Kuchen zu backen und zu einer Dinnereinladung mitzubringen. Versuchen Sie's, man kann ja nie wissen ...

ZUTATEN

45 g Matzenmehl oder
  55 g Kartoffelstärke
80 g Kartoffelstärke
1/4 TL Salz
9 Eigelb
200 g Zucker
1 TL geriebene Schale einer Bio-Orange
1 TL geriebene Schale einer Bio-Zitrone
60 ml frisch gepresster Orangensaft
1 EL frischer Zitronensaft
9 Eiweiß
1 Prise Salz
100 g Zucker
Puderzucker zum Bestäuben nach
  Belieben

1 Ofen auf 185 °C vorheizen. Eine ungefettete (wichtig, sonst geht der Kuchen nicht richtig auf) und *hohe* (15 cm) Kuchenform von 25 cm Durchmesser bereithalten. Mehl, Stärke und Salz mehrmals sieben, damit sie luftig werden.

2 Die Eigelbe mit einem elektrischen Mixer schlagen und den Zucker dazugeben. Weiterschlagen, bis sie blassgelb werden und ein Band bilden (sie werden dick). Zitrusschale und -saft hineinschlagen. Mit einem Gummispachtel die trockenen Zutaten nur so lange unterheben, bis sie vermischt sind.

3 Säubern Sie Ihre Schläger gründlich und schlagen Sie das Eiweiß zunächst langsam, geben dann eine Prise Salz dazu und erhöhen das Tempo. Wenn das Eiweiß weiche Spitzen bildet, lassen Sie den Zucker hineinrieseln und schlagen dabei kontinuierlich weiter, bis das Eiweiß steif, aber nicht trocken ist.

4 1/3 von dem Eiweiß unter den Kuchenteig heben, um die Mischung aufzulockern. Den Rest sanft unterheben, damit es nicht zusammenfällt. Also nicht zu energisch rühren.

5 Den Teig in die Backform füllen. Die Oberfläche glätten und mit einem langen Messer durch den Teig fahren, um sicherzugehen, dass sich keine Luftblasen gebildet haben. Schlagen Sie die Form einmal auf die Arbeitsfläche (garantiert keine Luftblasen mehr), und schieben Sie sie in den Ofen.

6 Etwa 50 Minuten backen, Gartest machen. Auf den Kopf gestellt einige Stunden auskühlen lassen, bevor Sie den Kuchen aus der Backform nehmen. Leicht mit Puderzucker bestäubt, macht er sich hübsch beim Servieren.

FEIERN MIT KINDERN

- Muttertag
- Vatertag

MOTHER'S DAY

Muttertag

So, Männer, jetzt geht's zur Sache: Was wäre die Welt ohne die Mütter? Heute ist der Tag, an dem die Kinder (und Sie) der Mama zeigen, wie viel sie Ihnen bedeutet, und zwar auf eine Art, die von Herzen kommt. Natürlich lieben wir Mütter Diamanten, Perlen, Parfüm und teure Schuhe, aber am liebsten sind uns doch unsere Partner und die Kinder. Also los, zeigt Gefühl, und gebt euch Mühe, ein Frühstück so zu planen und zu servieren, dass es in Erinnerung bleibt. Am besten Frühstück im Bett mit der Sonntagszeitung (oder der »Vogue«) und einer Blume in einer eleganten, schmalen Vase. Es gibt frisch gepressten Orangensaft und Kaffee (ein Muss), etwas Rührei mit Speck, vielleicht eine Scheibe Toast und Obstsalat. Die anderen Geschenke spart ihr euch fürs Mittagessen auf!

MOTHER'S DAY FRUIT SALAD

Obstsalat zum Muttertag

Muttertag ist der zweite Sonntag im Mai, das heißt es gibt haufenweise Obst für einen fantastischen Salat. Hier ein paar Früchte, die der Jahreszeit entsprechen: Papayas, Beeren, Mangos, Bananen und frische Ananas, und das ist erst der Anfang. Suchen Sie sich vier verschiedene Früchte aus. Schneiden Sie sie ein wenig klein, entfernen Sie die Kerne, legen Sie die Früchte in eine hübsche Schale, und damit ist das Frühstück bereits halb fertig.

Für 2 Erwachsene und 1–2 Kinder

ZUTATEN
1 Honigmelone oder andere kleine Melone
1 Banane, geschält und in Stücke geschnitten
1 Mango oder Papaya, geschält und in Stücke geschnitten
1 frische Ananas, geschält, der Strunk herausgeschnitten, in Stücke geschnitten
1 Handvoll frische Beeren

Manche Mamas mögen ein Joghurtdressing, Honig und Müsli zum Obstsalat:
• 300 g Joghurt natur oder Vanillejoghurt
• Honig nach Belieben
• Müsli nach Belieben

1 Die Melone halbieren, erst die Kerne entfernen, dann das Fruchtfleisch herausholen. (Am schönsten wird es mit einem Kugelausstecher.) Damit haben Sie zwei Schüsseln für den Obstsalat. Schneiden Sie die ausgehöhlten Melonenhälften unten flach an, sodass die Hälften fest stehen können.

2 Die Früchte in einer Rührschüssel mischen. Wenn Sie möchten, geben Sie jetzt den Joghurt und/oder den Honig dazu. Vorsichtig vermischen, am besten mit den Händen.

3 Den Salat in die ausgehöhlten Melonenhälften füllen und Schälchen bereitstellen für alle, die mitessen. Wenn Sie Müsli verwenden, geben Sie es direkt vorm Servieren dazu. Welch ein Genuss! So etwas bekommt Mama während der Woche nie zu essen.

SCRAMBLED EGGS AND BACON AND MAYBE SOME TOAST

Rührei mit Speck und vielleicht ein bisschen Toast

Für das Rührei rechnen wir 1,5 Eier pro Person. Jeder hat seine eigene Rührtechnik. Früher mochte ich es nur leicht verrührt, mit unvermischten Stücken Eidotter und Eiweiß, bis mich mein Mann vom Gegenteil überzeugte. Er schlägt die Eier in eine Schüssel und verrührt sie vollständig, bevor sie in die Pfanne kommen. Jeder auf seine Art, obwohl ich sie jetzt auf seine Weise zubereite.

2–4 Portionen

ZUTATEN

einige Scheiben Bio-Bacon (Frühstücks-speck) – Bio, weil Mama es wert ist und er wirklich besser schmeckt!
1–2 EL Butter für die Pfanne
3–5 Eier, je nachdem, wie viele mitessen (1,5 pro Erwachsener, 1 pro Kind)
1 EL Sahne, damit die Eier schön samtig werden, nach Belieben
einige Scheiben Toast, nach Belieben
Salz, Pfeffer

1 Wenn Sie Toast servieren wollen, stecken Sie das Brot schon mal in den Toaster, damit Sie zu gegebener Zeit nur noch mit einem kurzen Fingerdruck den Apparat in Aktion setzen müssen. Das Brot röstet dann fröhlich vor sich hin und lenkt Sie nicht von den Eiern ab.

2 Eine schwere Bratpfanne verwenden. Bloß keine beschichtete, da sie die Hitze nicht gut verteilt, und Sie brauchen Hitze, damit der Bacon anständig brutzelt und die Eier stocken. Die Flamme mittelhoch einstellen und den Speck in die Pfanne geben. Manche mögen den Speck richtig knusprig, andere weniger; Sie entscheiden, wann er so weit ist. Den Speck aus der Pfanne nehmen und zum Entfetten auf Küchenpapier legen. Dieselbe Pfanne für die Eier verwenden, samt Speckfett. Sollte zu viel Fett in der Pfanne sein, gießen Sie ein bisschen ab.

3 Wenn nötig, geben Sie etwas Butter in die Bratpfanne. Eier in eine kleine Rührschüssel aufschlagen, salzen und pfeffern und mit einem kleinen Schneebesen oder einer Gabel gut durchschlagen. In die heiße Pfanne gießen und dabei die ganze Zeit sanft rühren. Wenn sie nur noch wenig flüssig sind, den Toaster in Gang setzen und die Eier kurz weiterbraten. Jetzt können Sie auch etwas Sahne dazutun, wenn Sie mögen. Wie beim Speck mögen es manche noch ein wenig flüssig, andere eher trocken. Ich mag sie leicht flüssig …

4 Den Herd ausschalten, den Speck auf den Teller legen, gefolgt von den Eiern und dem Toast. Der Orangen-saft, Servietten, Besteck und Obstsa-lat stehen auch schon bereit. Ta daa! Jetzt müsst ihr Mama nicht mehr daran erinnern, wie sehr ihr sie liebt und schätzt … bis nächstes Jahr.

FATHER'S DAY

Vatertag

Vatertag ist bei uns eine große Sache. Wir feiern ihn nicht damit, dass Daddy sich mit Bier und Schnaps den ganzen Tag lang ordentlich einen hinter die Binde gießt. Nein, es ist Familiensache. Wir zeigen unserem Mann im Haus, wie sehr wir ihn lieben, indem wir sein Lieblingsessen kochen und ihn mit allerlei überraschen. Natürlich spürt Daddy auch sonst, dass wir ihn lieben, aber am Vatertag ... Gattentag ... na ja, da backen wir ihm eben auch Chocolate Glob!

MEATLOAF

Falscher Hase

Meatloaf ist beste amerikanische Hausmannskost und ideal für ein Vatertagsessen. Allen schmeckt es, auch den Kindern. Am nächsten Tag gibt's die Reste. Jetzt wird's interessant, und ich zitiere meinen Mann: »Sollte ich je in der Todeszelle sitzen und mich für eine Henkersmahlzeit entscheiden müssen, sage ich dem Gefängniswärter: Ich will ein fettes Stück Meatloaf zwischen zwei Scheiben frischem Kartoffelbrot mit etwas Ketchup. Das ist ein Meatloaf Sandwich. Danach habe ich meinen Frieden mit der Welt gemacht, und Sie können mich abführen.«

4 Portionen

ZUTATEN
1 Scheibe Weißbrot, in 125 ml heiße Milch gekrümelt
2 kg gemischtes Hackfleisch
1 große Zwiebel, fein gehackt
1 große Karotte, geschält und grob geraspelt
35 g Cheddar, grob gerieben
35 g Emmentaler, grob gerieben
1 großes Ei
1 TL Salz
10 Umdrehungen von der Pfeffermühle
2 Zweige frischer Thymian, gehackt
2 Stängel frische Petersilie, grob gehackt
10 sonnengetrocknete Tomaten in Öl, grob gehackt

1 Ofen auf 200 °C vorheizen. Eine Kastenform (11 x 30 cm) bereitstellen. Alle Zutaten in eine große Edelstahlschüssel geben und vorsichtig mischen.

2 Die gesamte Mischung in die Kastenform geben, darauf achten, dass die Mitte ein wenig tiefer liegt als die Seiten. Dadurch wird alles gleichmäßig gebacken.

3 45 Minuten backen. Aus dem Ofen nehmen und überschüssiges Fett und Flüssigkeit abgießen. Den Falschen Hasen 10 Minuten ruhen lassen. Die Portionen ganz nach Wunsch dick oder dünn schneiden – ein 2 cm dickes Stück ist wunderbar, denn dann werden Sie noch eins wollen. Mit richtig amerikanischem Heinz Ketchup servieren. Hervorragend mit Kartoffelgratin (Rezept siehe nächste Seite) oder Kartoffelpüree.

CYNTHIAS TIPP
Sie können das Kartoffelgratin zusammen mit dem Meatloaf in den Ofen schieben. Die Kartoffeln kommen dabei ins obere Drittel, der Meatloaf ins untere Drittel des Ofens. Passt perfekt. Es könnte nicht leichter sein!

SCALLOPED POTATOES Kartoffelgratin

4 Portionen

ZUTATEN
1,5 kg große Kartoffeln
500 ml Vollmilch
500 g Sahne
etwas geriebener Muskat
2 Knoblauchzehen, geschält
2 TL Salz
frisch gemahlener Pfeffer
ein paar frische Kräuter, wenn Ihnen danach ist
150 g Comté oder Gruyère, grob gerieben (nach Belieben), oder Butterflöckchen

1 Den Ofen auf 210 °C vorheizen. Den Backrost ins obere Drittel des Ofens schieben. Eine Keramik-Auflaufform (22 x 34 cm) großzügig ausbuttern.

2 Kartoffeln schälen, in dünne Scheiben schneiden und sofort in eine Schüssel mit kaltem Wasser legen. Die restlichen Zutaten vorbereiten. Milch, Sahne, Muskat und Knoblauchzehen in einem schweren Topf erhitzen, aber nicht aufkochen lassen.

3 Die Kartoffeln abgießen und abtropfen lassen, dann in die Auflaufform schichten, jede Schicht mit etwas Salz, Pfeffer, Kräutern nach Belieben, Butterflöckchen oder Käseraspeln bestreuen. Fortfahren, bis alle Kartoffeln und der ganze Käse aufgebraucht sind. Sie sollten drei Schichten haben. Milch und Sahne darübergießen. Den Knoblauch können Sie entsorgen oder mitbacken, ganz wie Sie möchten. Ich backe ihn gerne mit, weil er ein subtiles, aber wichtiges Aroma liefert.

4 Backen, bis die Kartoffeln gar sind, vor sich hin blubbern und etwas Farbe bekommen haben, etwa 50 Minuten.

5 Wenn Ihr Ofen mit einem Grill ausgestattet ist, können Sie ihn für ein paar Minuten zuschalten, bis das Gratin eine schöne Farbe angenommen hat. Die Kartoffeln vorm Servieren 10 Minuten ruhen lassen.

SALADE COMPOSÉ Salatkomposition

4 Portionen

ZUTATEN
1/4 Rotkohl, grob geraspelt
3 Karotten, grob geraspelt
Salatblätter, gewaschen,
   abgetrocknet, unzerteilt
etwas fein geschnittener Fenchel
2 reife Tomaten, geviertelt
1/2 Gurke, in dünnen Scheiben
Salz
frisch gemahlener Pfeffer
gutes Olivenöl extra vergine
Weinessig oder Balsamico
nach Belieben außerdem: Oliven,
   hart gekochte Eier, andere Gemüse der
   Saison, Kohlrabi in Scheiben usw.

Vielleicht ein etwas hochtrabender Name für einen gemischten Salat, ich liebe ihn trotzdem. Als ich 16 Jahre alt war, verbrachte ich ein paar Wochen bei einer Familie in Tours in Frankreich. Ich war damals Vegetarierin, etwas, was Franzosen völlig absurd finden, aber ich blieb standhaft. Die Gastmutter gab sich große Mühe, damit ich mich wie zu Hause fühlte, und machte mir jeden Tag diesen köstlichen Salat zum Mittagessen. Er war meilenweit von dem Internatsfraß entfernt, der mir bis dahin vorgesetzt worden war. Es war wie eine Offenbarung. Ich widme diesen Salat Mme Zekian in Tours. Merci bien, je ne vous oublierai jamais.

1 Eine große Platte bereitstellen – die größte, die Sie haben. Das Gemüse arrangieren, zum Beispiel so: Die Salatblätter auf der Platte ausbreiten, sodass sie die Platte wie ein Bett bedecken.

2 Jetzt geht der Spaß richtig los! Die verschiedenen geraspelten oder gehackten Gemüse in Häufchen auf den Salatblättern verteilen. Achten Sie darauf, dass die verschiedenen Sorten klar voneinander getrennt sind.

3 Jedes Gemüsehäufchen mit etwas Salz und frisch gemahlenem Pfeffer bestreuen.

4 Unmittelbar vor dem Auftragen mit bestem Olivenöl und etwas Essig besprenkeln.

CHOCOLATE GLOB BROWNIES

Brownies für Schokoladensüchtige

Dieser GLOB ist wirklich großartig, fast so, als gäbe es kein Morgen! Die Inspiration zu diesem Rezept kam aus einem Interview, das ich einem Radiosender in Berlin gab. Der Journalist überraschte mich mit Brownies und forderte mich auf, sie live in der Sendung zu probieren! Sie waren köstlich. Also recherchierte ich ein bisschen und entwickelte diese Version. Sie basiert auf dem Chocolate Glob Dessert aus dem SoHo Charcuterie Restaurant. In den 80ern in New York war das SoHo Charcuterie einfach das Beste! Ich weiß, wie sehr mein Mann Schokolade liebt, also ... Es sind diese kleinen Dinge, auf die es in der Liebe ankommt.

12 große Brownies

ZUTATEN
250 g Butter
250 g Zartbitterschokolade zum
   Schmelzen
90 g Bitterschokolade-Kuvertüre zum
   Schmelzen
1 EL Instant-Espressopulver

3 Eier (L)
125 g Zucker

50 g Mehl
1 1/2 TL Backpulver
1/2 TL Salz

200 g Zartbitterschokolade, grob
   gehackt
nach Belieben 100 g Walnüsse, sehr
   grob gehackt
40 g Mehl

1 Ofen auf 185 °C vorheizen. Eine Backform (25 x 25 cm) ausbuttern. Die Butter, Zartbitterschokolade und Bitterschokolade-Kuvertüre über mittlerer Flamme über köchelndem Wasser schmelzen, das Espressopulver dazugeben. Etwas abkühlen lassen.

2 Die Eier mit dem Zucker in einer großen Schüssel verrühren (nicht schlagen). Die warme Schokoladenmischung in die Eiermischung rühren und auf Zimmertemperatur abkühlen lassen. Es ist sehr wichtig, dass die Schokomischung gut abkühlt, bevor die gehackte Schokolade dazukommt, denn sonst schmelzen die Schokostücke und ruinieren die Brownies.

3 Mehl, Backpulver und Salz in eine mittelgroße Schüssel sieben. Die abgekühlte Schokomischung dazugeben. Die gehackte Schokolade und die Walnüsse mit 40 g Mehl vermengen und in den Schokoteig geben. In die vorbereitete Backform gießen. Das Bemehlen der Schokochips und Walnüsse sorgt dafür, dass sie nicht zu Boden sinken.

4 Etwa 35 Minuten backen, bis ein Zahnstocher (fast) sauber aus dem Teig kommt. Bloß nicht zu lange im Ofen lassen! Gründlich auskühlen lassen (von mir aus auch im Kühlschrank) und in 12 Quadrate schneiden.

DRAUSSEN FEIERN

- Grillen
- Picknick

BARBECUE

Grillen

Wir grillen so gerne, dass mein Mann und ich sogar im Winter grillen. Na ja, eigentlich grille nicht ich, sondern bereite nur alles vor, damit mein Mann grillen kann (das heißt in der beißenden Kälte rausrennen, um das Fleisch zu wenden), und er macht das ganz wunderbar. Im Sommer grillen wir alles, besonders Gemüse. Alles und jedes wird mit etwas Olivenöl eingepinselt, mit Steinsalz bestreut, und los geht's. Wir haben einen Gasgrill, weil sich damit auch die Temperaturen gut kontrollieren lassen, mit einem Holzkohlengrill braucht's ein wenig mehr Technik (sorry, Schatz), um mit den Temperaturen klarzukommen. Wie auch immer, hier sind einige meiner erprobten und für gut befundenen Rezepte – großartig für ein Dinner zu zweit oder ein großes Sommerfest.

MARINATED BEEF

Mariniertes Rindfleisch

MARINADE 1
Für 4 Steaks oder anderes
zartes Rindfleisch

125 ml Sojasauce
125 ml Olivenöl
90 ml Honig oder Ahornsirup
6 große Knoblauchzehen, geschält und
   sehr fein gehackt
3 EL gehackter frischer Rosmarin oder
   Thymian
1 EL grob gemahlener schwarzer Pfeffer
1 Peperoncino

MARINADE 2
Für 4 Portionen weniger zartes
Rindfleisch

5 große Knoblauchzehen, halbiert
1 TL Salz
160 ml Rotwein
80 ml Balsamico
125 ml Olivenöl
1 1/2 EL Honig
einige frische Kräuter

MARINADE 1 — gibt Geschmack, macht aber das Fleisch nicht zarter

Alles miteinander vermischen und richtig gutes Rindfleisch, am besten Steak darin mindestens 2, höchstens aber 4 Stunden marinieren. Grillen!

MARINADE 2 — gibt Geschmack und macht zart

Alles vermischen und zähere Stücke Rindfleisch im Kühlschrank mindestens 5 oder bis zu 24 Stunden marinieren. Bevor Sie mit dem Grillen loslegen, sollte das Fleisch Zimmertemperatur haben. Die Säure in der Marinade macht die Fasern des Fleisches zarter, und auf das Ergebnis werden Sie stolz sein können! Es muss nicht immer Steak sein, besonders bei den steigenden Rindfleischpreisen.

CYNTHIA'S FAVORITE BBQ SAUCE

Cynthias Lieblings-BBQ-Sauce

Der Unterschied zwischen einer Marinade und einer Barbecue-Sauce besteht darin, dass Sie das Fleisch nicht in die BBQ-Sauce einlegen und dann grillen können. Die intensive Hitze würde die Barbecue-Sauce verbrennen, und es würde scheußlich schmecken. Eine Barbecue-Sauce ist so angelegt, dass sie auf das Fleisch gepinselt wird, wenn noch etwa 15 Minuten Grillzeit übrig sind. Sie ist nur so lange auf dem Fleisch, dass sie Zeit hat, warm zu werden und zu karamellisieren, aber nicht lange genug, um zu verbrennen.

Für 4 Portionen Schweinefleisch,
Rippchen, Huhn oder Ente

ZUTATEN

375 ml Heinz Ketchup
250 ml Apfelessig oder Weinessig (kein
  Balsamico)
60 ml Worcestershiresauce
60 ml Sojasauce
200 g Zucker
1 TL Sirup (Grafschafter Goldsaft)
1 EL frischer Ingwer, geschält und
  fein gerieben
2 Knoblauchzehen, so fein wie
  möglich gehackt
3 Scheiben einer Bio-Zitrone

1 Alle Zutaten in einem schweren Topf mischen. Zum Kochen bringen und etwa 10 Minuten köcheln lassen. Abkühlen lassen, die Zitronenscheiben herausnehmen und die Sauce in ein Glas mit Schraubverschluss gießen. Diese BBQ-Sauce hält sich im Kühlschrank beinahe ewig.

2 Beim Grillen das Fleisch für die letzten 15 Minuten damit bepinseln.

FISH MARINADE

Marinade für Fisch

Wenn Sie Fisch grillen, auf dem Grill oder im Backofen, können Sie keine Barbecue-Sauce verwenden, denn Sie müssen den Fisch schon unmittelbar vor Erreichen des Garpunktes vom Grill nehmen, sonst trocknet er aus. Es bleibt einfach keine Zeit für die Barbecue-Sauce! Aber keine Angst, eine Marinade ist hier genau das Richtige und benötigt fast keine Vorbereitung. Schnüffeln Sie ein wenig in Ihrer Küche herum, und Sie werden alles finden, was Sie brauchen.

Für 4 Portionen

ZUTATEN
4 Fischfilets (z. B. Lachs, Seebarsch, Seeteufel usw., eigentlich eignet sich jeder Fisch)
4 TL Olivenöl extra vergine
8 TL frisch gepresster Orangensaft oder Zitronensaft
Steinsalz
einige frische Kräuter wie Estragon oder Thymian

1 Die Fischfilets unter kaltem Wasser abspülen. Mit Küchenpapier gründlich trocken tupfen und in einer Lage in einer flachen Auflaufform auslegen.

2 Erst das Olivenöl auf die Filets tröpfeln (1 TL pro Fischfilet), dann Orangensaft oder Zitronensaft (2 TL pro Fischfilet), Salz und Kräuter darübergeben.

3 Den Fisch mindestens 2, höchstens 4 Stunden marinieren lassen, einmal die Stunde wenden. Aus der Marinade nehmen und sofort auf oder unter den Grill legen. Perfekt! Wenn Sie eine Bio-Orange oder Bio-Zitrone dahaben, legen Sie eine dünne Scheibe auf jeden Fisch, nachdem Sie ihn beim Grillen umgedreht haben. Das gibt ein wunderbares Aroma!

POTATO SALAD

Kartoffelsalat

Man glaubt es nicht, aber Kartoffelsalat ist etwas sehr Persönliches, und jeder hat dazu eine eigene Meinung. Manche mögen ihren mit klein geschnittenem Staudensellerie oder hart gekochten Eiern, andere wiederum mit gehackten Zwiebeln oder Speck vermischt. Nun ja, ich habe viele verschiedene Favoriten, je nach Jahreszeit und Laune, daher hier zwei davon zum Ausprobieren. Genießen Sie sie! Und Sie dürfen auch gerne noch die eine oder andere Zutat ergänzen, wenn Sie sich danach fühlen.

10 Portionen

POTATO SALAD, ROASTED

1,5 kg neue Kartoffeln, geviertelt, mit
  Schale
10 Knoblauchzehen, geschält und
  sehr fein gehackt
getrockneter Rosmarin
5 EL Olivenöl
200 g Joghurt
200 g Mayonnaise
einige frische Kräuter wie Thymian,
  Estragon, Basilikum, gehackt
Salz und Pfeffer nach Geschmack

POTATO SALAD, BOILED

4 große Kartoffeln, geschält und in
  2 cm große Würfel geschnitten
3 Dillgurken, die besten, die Sie finden
  können, und hoffentlich in einem Sud
  ohne Saccharin
frischer Dill, fein gehackt
Salz und Pfeffer nach Geschmack
200 g Joghurt
200 g Mayonnaise

POTATO SALAD, ROASTED
Kartoffelsalat, gebacken

1 Ofen auf 220 °C vorheizen. Die Kartoffeln mit dem Knoblauch und dem Rosmarin in eine große Schüssel geben und gut mit dem Olivenöl vermischen. In einer Lage auf einem Backblech verteilen, salzen und pfeffern. 45 Minuten backen. Alle 20 Minuten das Backblech rütteln, um sicherzugehen, dass nichts daran festklebt.

2 Wenn sie perfekt geröstet sind, die Kartoffeln in eine Servierschüssel geben und etwas auskühlen lassen.

3 Joghurt, Mayo und Kräuter vermischen. Die abgekühlten Kartoffeln vorsichtig mit dem Dressing mischen, damit die Kartoffeln nicht zerfallen. Mit Salz und Pfeffer abschmecken. Bei Zimmertemperatur servieren.

POTATO SALAD, BOILED
Kartoffelsalat, gekocht

1 Die Kartoffelwürfel al dente kochen – bloß nicht zu lange, denn sonst haben Sie Kartoffelbrei. Ich würde vorschlagen, dass Sie die Kartoffeln nach 7 Minuten testen. Abgießen, mit kaltem Wasser abspülen und gut abtropfen lassen.

2 Wenn die Kartoffelwürfel abgekühlt sind, geben Sie sie in eine

Rührschüssel, fügen die Gurken und den Dill hinzu und schmecken mit Salz und Pfeffer ab.

3 Den Joghurt mit der Mayo verrühren. Vorsichtig, ohne die Kartoffeln zu brechen, das cremige Dressing hinzufügen. Vor dem Auftragen kühl stellen.

COLESLAW

Krautsalat

Wir Amerikaner lieben Coleslaw, der Teil unseres deutschen Erbes ist. Meinen mag ich auf zwei verschiedene Arten: Die eine Version hat ein cremiges Dressing, die zweite ein leichtes auf Sesam-Soja-Basis. Beide sind perfekt für eine Grillparty oder ein Picknick und ein großartiges Mitbringsel für jedes Sommerfest!

10–15 Portionen

ZUTATEN

1 kleiner Kopf Weißkohl
5 Karotten, geschält und geraspelt
2 Kohlrabi, geschält und in Julienne (feine Streifen) geschnitten
3 Äpfel, z. B. Fuji, geschält, entkernt und in Julienne (feine Streifen) geschnitten
1/2 frische Ananas, den Strunk entfernt, geviertelt und in Scheiben geschnitten
1 1/2 EL Zucker
1 TL Salz
2 EL Apfelessig

CREMIGES DRESSING

300 g gute Mayonnaise
300 g Joghurt

SESAM-SOJA-DRESSING

2 EL helle Sojasauce
2 EL Reis- oder Apfelessig
1 EL Honig
2 EL Sesamöl
140 ml Pflanzenöl
2 Peperoncini, zerdrückt (oder nur 1, wenn Sie es nicht so scharf mögen)
4 EL Sesamsamen, in einer schweren Pfanne ohne Fett und Öl geröstet

1 Den Kohl in der Küchenmaschine oder mit einem großen, scharfen Messer in feine Streifen schneiden.

2 Für die Karotten verwenden Sie entweder den Raspeleinsatz der Küchenmaschine, oder Sie raspeln sie mit der Hand auf einer Vierkantreibe. Zum Kohl geben.

3 Mit Kohlrabi und Äpfeln fortfahren und zusammen mit der Ananas, dem Zucker, dem Salz und dem Essig zum Kohl geben. Gut vermischen.

CREMIGES DRESSING

In einer Schüssel die Mayonnaise mit dem Joghurt vermischen. Genug Dressing über das geschnittene Gemüse geben, um es zu befeuchten. Kalt oder bei Zimmertemperatur servieren.

SESAM-SOJA-DRESSING

Die Zutaten in der angegebenen Reihenfolge in einem Messbecher vermischen. Die gerösteten Sesamsamen zum Gemüse geben, gefolgt von dem Dressing.

GRILLED BREAD
Gegrilltes Brot

Ich lernte gegrilltes Brot auf einer Reise nach Barcelona kennen und fand es köstlich. Zu Hause nehmen wir dafür am liebsten selbst gebackenes Kartoffelbrot (das Rezept steht in meinem Backbuch) in all seinen Variationen. Während das Bier bereits fließt, grillen wir das Brot, damit unsere Gäste nicht schon vor dem Essen angeschickert sind. Es geht schnell und kann so aufwendig oder so einfach gestaltet werden, wie es Ihnen gefällt.

12 Portionen

ZUTATEN
Kartoffelbrot oder ein anderes italienisches oder französisches Brot mit schöner Kruste
Olivenöl
Knoblauchzehen
Steinsalz

BELAG
Sardellen, klein geschnitten
wirklich reife Tomaten, in Scheiben
frische Kräuter

1 Das Brot in schön dicke Scheiben schneiden, etwa 2 cm dick.

2 Mit Olivenöl bepinseln, mit einer Knoblauchzehe einreiben und mit Steinsalz bestreuen.

3 Grillen Sie die Scheiben auf einer Seite. Wenn Sie sie umdrehen, können Sie die andere Seite ganz nach Lust und Laune belegen. Aber bedenken Sie, dass gegrilltes Brot auch *nackt* ganz wunderbar schmeckt!

COBBLER

Beeren-Dessert

Ein Cobbler fängt den Sommer ein: der Duft beim Backen, Konsistenz und Geschmack beim Picknick oder in einer heißen Sommernacht ... Ohhhhhh, traumhaft!
Wir Amerikaner haben diese Art von Dessert entwickelt, mit den Früchten auf dem Boden und dem »Kuchen« obendrauf, denn wir wissen, wie suppig Früchte und Beeren sein können, wenn sie gebacken werden. Statt also eine Sauce anzurühren und einen dazu passenden Kuchen zu backen, machen wir das Ganze in einem Aufwasch, damit mehr Zeit für anderes bleibt, zum Beispiel zum Essen.

12 Portionen

ZUTATEN
35 g Mehl
250 g Zucker
600 g Brombeeren, Blaubeeren oder
  Himbeeren
1 kg reife Pfirsiche oder Nektarinen,
  geschält und entsteint, in 1 cm dicke
  Keile geschnitten

TEIG
420 g Mehl
1 EL Backpulver
1 TL Salz
1 EL Zucker
250 g sehr kalte Butter, in 1 cm
  große Würfel geschnitten
250 ml Vollmilch oder 250 g Sahne
1 TL Zucker mit 1/4 TL Zimt vermischt

1 Schieben Sie Ihren Rost auf die mittlere Schiene, und heizen Sie den Ofen auf 220 °C vor. Eine Glas- oder Keramikbackform (22 x 34 cm) ausbuttern.

2 In einer großen Schüssel das Mehl mit dem Zucker vermischen, die Beeren und Pfirsiche oder Nektarinen dazugeben und wenden, sodass alles gut vermischt ist. In die Backform geben und so lange backen, bis es anfängt zu blubbern, etwa 15 Minuten.

3 Während die Früchte backen, vermischen Sie Mehl, Backpulver, Salz und Zucker für den Teig in einer großen Schüssel, dann reiben Sie die kalte Butter mit den Fingerspitzen oder einem Teigrührer hinein, bis das Ganze an grob gemahlenes Mehl erinnert. Milch oder Sahne hinzugießen und nur so lange mischen (kurz!), bis sich der Teig bildet.

4 Auf einer leicht bemehlten Arbeitsfläche den Teig schnell zu einer 30 cm langen und 9 cm dicken Rolle formen. Halbieren und dann jede Hälfte in 6 Scheiben schneiden (Sie haben jetzt 12 Scheiben). Auf der heißen Früchtemischung platzieren und mit dem Zimtzucker bestreuen.

5 Den Cobbler backen, bis seine Oberfläche goldfarben ist, etwa 30 – 35 Minuten. Warm servieren, vielleicht sogar mit Vanille-Eis.

CYNTHIAS TIPP
Besonders hübsch sieht es aus, wenn Sie das Dessert in mehreren kleinen Formen backen (siehe Foto).

STRAWBERRY SHORTCAKE

Erdbeer-Küchlein

Als Kind habe ich diese Küchlein so sehr geliebt, dass ich meinen Hamster nach ihnen benannte: Strawberry Shortcake. Ich habe noch immer eine Narbe an meinem Ringfinger, wo er sich einmal so wild entschloss mit seinen kleinen Zähnen verbiss, dass ich ihn kaum abschütteln konnte. Wie auch immer, meine Liebe zu diesem wunderbaren Sommergericht blieb mir erhalten.

6–8 Portionen

SAUCE
1 kg Erdbeeren, gewaschen und in
   Stücke geschnitten (nicht zu klein)
75 g Zucker
1 EL frischer Zitronensaft

ERDBEEREN
750 g Erdbeeren, gewaschen und
   halbiert, im Kühlschrank aufbewahrt

TEIG
280 g Mehl
2 1/2 TL Backpulver
1 TL Salz
1 EL Zucker
75 g kalte Butter, in kleine
   Stücke geschnitten
180 g kalte Sahne

1 Fangen Sie mit der Sauce an. Alle Zutaten in einen kleinen Topf geben, Deckel drauf und erhitzen, bis es kocht. Deckel abnehmen und 10 Minuten köcheln lassen.

2 Frische Erdbeeren vorbereiten und im Kühlschrank aufbewahren.

3 Ofen auf 225 °C vorheizen. Ein Backblech mit Backpapier auslegen.

4 Die trockenen Zutaten für den Teig in einer großen Schüssel vermischen, dann die kalte Butter mit den Fingerspitzen oder einem Teigrührer hineinmischen, bis es wie grob gemahlenes Mehl aussieht. Kalte Sahne hinzugießen und nur so lange rühren, bis der Teig sich verbindet.

5 Den Teig auf eine leicht bemehlte Arbeitsfläche geben und entweder mit den Händen flach drücken oder ausrollen, bis er 1 cm dick ist. Mit einem Glas oder einem Plätzchenausstecher runde Küchlein ausstechen und auf das Backblech legen. Versuchen Sie, die einzelnen Stücke so nah beieinander wie möglich auszustechen, damit Sie den Teig nicht noch einmal ausrollen müssen,

was seine leichte Struktur zerstören würde.

6 10–12 Minuten backen.

7 Falls Sie auswärts grillen oder die Küchlein mit zu einem Picknick nehmen wollen, packen Sie Ihre Zutaten für den Transport wie folgt: Wickeln Sie die Küchlein in ein Baumwolltuch, füllen Sie die warme Erdbeersauce in einen verschließbaren Behälter, die frischen Beeren in einen anderen. Wenn Sie Sprühsahne mögen, vergessen Sie nicht, eine Dose einzustecken.

8 Hier nun die Bauanleitung für das Dessert: Nehmen Sie ein Küchlein und schneiden Sie es horizontal in zwei Teile. Die untere Hälfte auf einen Teller legen, darauf kommt die Sauce, gefolgt von den frischen Beeren, der Sprühsahne und der oberen Kuchenhälfte. Essen und genießen und nicht an den Hamster denken.

PICNIC

Picknick

Den Kindern macht ein Picknick richtig großen Spaß, und uns Erwachsenen eben auch. Teil des Rituals ist die Planung und Vorbereitung. Wir haben einen alten Picknickkorb, der uns nie im Stich lässt, obwohl er aussieht, als pfeife er auf dem letzten Loch. Manchmal picknicken wir ganz spontan, weil wir leckere Reste von der letzten Mahlzeit übrig haben und draußen die Sonne lacht. Aber meistens planen wir unser Picknick richtig und packen das ein, was wir besonders gern im Freien verspeisen.

BAKED FRIED CHICKEN

Backhähnchen

6 Portionen

ZUTATEN
375 ml Buttermilch
80 ml Olivenöl
2 EL Tabasco-Sauce oder
   2–3 Peperoncini
2 EL Dijonsenf
2 Knoblauchzehen, geschält und
   sehr fein gehackt
1 TL Salz
12 Hühnerstücke (Brust, Ober- und
   Unterschenkel) mit Haut und Knochen
280 g Mehl zum Bestäuben
35 g Gewürzmischung (siehe Rezept
   Seite 19)
   ODER eine Mischung aus
   2 TL Thymian, getrocknet
   1 TL Salz
   1 TL Paprika
   1/2 TL Cayennepfeffer
4 Eier, geschlagen, in einer Schüssel
5–6 EL Olivenöl

1 In einer großen Schüssel vermischen: Buttermilch, Öl, Tabasco, Senf, Knoblauch und Salz. Huhn hinzufügen und wenden, damit alles bedeckt ist. Zudecken und mindestens 3 Stunden oder bis zu 24 Stunden kalt stellen, die Hühnerstücke gelegentlich wenden.

2 Den Backofen auf 200 °C vorheizen. Ein Backblech mit Backpapier vorbereiten. Das Mehl mit der Gewürzmischung vermengen. Je ein Hühnerstück aus der Marinade nehmen, in die Eier tauchen und dann im Mehl wenden, überschüssiges Mehl abschütteln.

3 Die Hühnerteile aufs Backblech legen und zunächst 15 Minuten backen. Kurz aus dem Ofen nehmen und mit dem Olivenöl beträufeln. Die Hühnerteile zurück in den Ofen schieben. Nach 20 Minuten die Teile auf dem Backblech wenden und weitere 20 Minuten backen. Sie sind fertig, wenn sie goldbraun sind. Am besten schmecken sie kalt am nächsten Tag, im Freien auf einer Decke!

PASTA SALAD

Nudelsalat

Nudelsalat gehört zu den Gerichten, die schrecklich schmecken können, wenn man nicht aufpasst. Nicht alle Kombinationen funktionieren. Manchmal ist die Konsistenz zu matschig oder die Aromenkombination zu langweilig. Bloß kein gedämpftes Gemüse verwenden! Hier ist das Rezept, das Ihrer unendlichen Suche nach dem optimalen Nudelsalat ein Ende setzt. Sie sind am Ziel. Entspannen Sie sich!

6–8 Portionen

ZUTATEN
500 g Fusilli
1 EL Olivenöl
1 rote Zwiebel
1 große Handvoll schwarze Oliven, entsteint
1 Handvoll Kapern
1 Bund frisches Basilikum, gehackt
1 große Handvoll getrocknete Tomaten in Öl, fein gehackt oder in der Küchenmaschine mit Olivenöl und Chilischoten püriert
1 Spritzer Balsamico

Köstlichkeiten, die wahlweise dazugegeben werden können:
• gebratene Auberginenscheiben, abgekühlt und in fingerdicke Streifen geschnitten
• frischer Büffel-Mozzarella, in Würfeln

1 Die Nudeln in reichlich Wasser genau 10 Minuten kochen, abgießen, unter kaltem Wasser abschrecken, bis sie abgekühlt sind, etwas abtropfen lassen und dann in eine große Rührschüssel geben. Olivenöl darüberträufeln, damit die Nudeln nicht zusammenkleben.

2 Die Zwiebel schälen, in dünne Ringe schneiden und für 20 Minuten in Wasser legen. (Dadurch verliert sie ihre Schärfe.) Die restlichen Zutaten vorbereiten und zu den Nudeln geben.

3 Jetzt die rote Zwiebel abtropfen lassen. Hinzufügen und abschmecken. Ich finde, der Salat braucht oft noch einen extra Kick Balsamico. Wenn Sie Auberginenstreifen oder Mozzarella hinzugeben möchten, tun Sie es jetzt, und alles wird gut.

RISOTTO SALAD

Risottosalat

Das ist einer meiner Lieblingssalate, da er so vielseitig ist. Er kommt jedes Mal ein bisschen anders daher, abhängig davon, was gerade Saison hat, welches Kraut in meinem Kräutergarten sprießt und was mein Kühlschrank so hergibt. Ich mag ihn leicht und aromatisch, und das bedeutet, dass Entscheidungen gefällt werden müssen, was in den Salat kommt und was draußen bleibt. Es macht keinen Spaß, etwas zu verspeisen, in dem ein bisschen von allem ist. Also seien Sie wählerisch, komponieren Sie etwas Köstliches, ob es nun das Produkt des Augenblicks, des Tages oder Ihrer Laune ist. Auf die Plätze, fertig ... los!

6–8 Portionen

ZUTATEN

500 g Risottoreis oder gemischte Reissorten mit Wild-, Arborio- und Camargue-Reis

1 EL Olivenöl

2 Paprikaschoten, verschiedenfarbig, gewürfelt

1 rote Zwiebel, in dünne Ringe geschnitten und 20 Minuten in kaltes Wasser gelegt, abgetropft

40 g Pinienkerne, leicht geröstet (in einer unbeschichteten Pfanne ohne Fett)

45 g Korinthen

1 Bund Petersilie, gehackt

andere frische Kräuter wie Estragon, Thymian oder Majoran usw., fein gehackt

etwas Vinaigrette oder Rotweinessig und Olivenöl

ein paar entsteinte Oliven oder Kapern, wenn Sie möchten

Salz und Pfeffer

1 1 Liter Wasser zum Kochen bringen und den Reis hinzufügen. Genau 10 Minuten kochen, abgießen und unter kaltem Wasser abspülen, bis er abgekühlt ist. (Wenn Sie gemischte Reissorten verwenden, rechnen Sie mit 15–20 Minuten Kochzeit.) Gut abtropfen lassen und in eine große Rührschüssel geben.

2 Olivenöl über den Reis träufeln, damit er nicht zusammenpappt, während Sie das Gemüse schneiden.

3 Die restlichen Zutaten dazugeben und gut, aber sachte untermischen. Salzen und pfeffern.

4 Wenn Sie etwas Vinaigrette zur Hand haben, geben Sie sie in den Salat. Falls nicht, schmecken Sie einfach mit Olivenöl und ein wenig Rotweinessig ab. Seien Sie zurückhaltend mit dem Dressing/Öl und Essig. Es soll dem Salat einen Hintergrundgeschmack verleihen und nicht das Gemüse überwältigen. Den Salat zudecken und ein paar Stunden kalt stellen, bis es Zeit für Ihr Picknick ist.

PAN BAGNA

Thunfischsandwich mediterran

Ich glaube, Pan Bagna ist so etwas wie ein Initiationsritus für die Freuden des Picknickens. Als ich nach Europa zog, hatte ich noch nie davon gehört, und jetzt kann ich gar nicht genug davon bekommen. Es ist eine Art mediterranes Thunfischsandwich, nur ohne die Mayo! Welch erfrischende Variante eines Sommersandwiches. Schon die Zubereitung macht Spaß, und das Essen nicht minder. Auf jeden Fall Stunden im Voraus machen, damit die Aromen Zeit haben, sich zu verbinden.

4 Portionen

ZUTATEN

1 Sauerteigbaguette oder ein anderes langes Krustenbrot

4 EL Olivenöl

1 EL Balsamico oder Rotweinessig

1 Knoblauchzehe, geschält

75 g milder Ziegenkäse oder ein anderer cremiger Käse

einige schwarze oder grüne Oliven, entsteint und gehackt

1 Bund Rucola, gewaschen und in ein Tuch gewickelt

1 oder 2 Dosen Thunfisch, in Wasser oder gutem Olivenöl, abgetropft

3 kleine Tomaten, dünn geschnitten

Salz und Pfeffer

1 kleines Bund Basilikum, in Streifen geschnitten

Weitere köstliche Fülloptionen:
• Sardellenfilets, abgetropft und gehackt
• gegrilltes Gemüse
• Kapern
• Artischockenherzen, in Scheiben
• Matjes

1 Das Brot horizontal halbieren und etwas von dem Innenleben herausnehmen, wenn es zu teigig ist. Die untere Hälfte mit 1 EL Olivenöl bepinseln.

2 In einem Messbecher die verbleibenden 3 EL Olivenöl mit dem Essig und ein wenig Salz zu einem Dressing verquirlen. Die Zutaten sollten gut vermischt sein.

3 Die Knoblauchzehe über das ölgetränkte Brot reiben. Den Ziegenkäse darauf verteilen, mit Oliven und Rucola belegen und nach Geschmack salzen und pfeffern. Jetzt das Ganze mit Thunfisch und ein wenig Dressing toppen. Darauf dann die Tomaten, Salz und Pfeffer, das Basilikum verteilen und diese Schicht mit dem restlichen Dressing beträufeln. Zögern Sie nicht, die eine oder andere Lage aus der Liste der Fülloptionen hinzuzufügen. Alles schmeckt großartig, also keine Angst! Jetzt die zweite Hälfte des Brotes aufsetzen und das Pan Bagna fest in Klarsichtfolie wickeln.

4 Jetzt legen Sie das Sandwich auf einen großen Teller, stellen einen weiteren Teller darauf und beschweren diesen mit einem Gewicht – etwa 1 kg, alles, was schwer ist, kann eingesetzt werden. Sie wollen das Sandwich zusammendrücken und währenddessen kalt stellen.

5 Das Pan Bagna können Sie bis zu 6 Stunden im Voraus zubereiten. Einfach bedecken, beschweren und kalt halten. In etwa 4 cm dicke Scheiben geschnitten servieren.

THANKSGIVING & WEIHNACHTEN

- Truthahn & Co.
- Weihnachtsessen

TURKEY & CO

Truthahn & Co.

Thanksgiving, das amerikanische Erntedankfest, ist ein wunderbarer Feiertag. Jedes Jahr freue ich mich von Neuem darauf. Inzwischen weiß ich genau, was ich in der Küche zu tun habe. Das Fest kennt keine religiösen Beschränkungen, keine ethnischen Präferenzen, keine Altersgrenze derjenigen, die teilnehmen und es genießen dürfen.

In meiner Kindheit briet meine Mutter immer eine Pute der Marke »Butterball«. Darin gab es ein eingebautes Thermometer, das automatisch heraussprang, sobald der Vogel gar war. Für mich stellte das den Höhepunkt der Thanksgiving-Vorbereitungen dar. Ich hockte vor dem Herd und starrte in den beleuchteten Ofen, um ja nicht zu verpassen, wie das Thermometer stieg. Vieles mache ich hier in Berlin ganz anders, zum Beispiel brate ich keine Butterball-Pute mehr. Ob Sie nun noch nie Thanksgiving gefeiert haben oder es jedes Jahr tun, dieses Kapitel ist für Sie: die Entmystifizierung von Thanksgiving.

CYNTHIA'S TURKEY STUFFING

Cynthias Truthahn-Füllung

Für einen 6-kg-Vogel (10 Portionen)

ZUTATEN
150 g Rosinen
400 g kleine Nürnberger
    Bratwürstchen
etwas Öl
180 g Butter
1 große Zwiebel, gehackt
2 Knoblauchzehen, geschält und
    fein gehackt
3 Selleriestangen, fein gehackt
2 große Äpfel, geschält, entkernt
    und gewürfelt
650 g weiche, frische Brotkrumen (am
    besten zerkleinern Sie sie frisch in der
    Küchenmaschine oder im Mixer)
1 1/2 TL Salz
Thymian
150 g getrocknete Aprikosen, gehackt
70 g Walnüsse, gehackt
1 Prise Muskat

1 Zuerst die Rosinen 15 Minuten in warmem Wasser einweichen. In der Zwischenzeit die Bratwürstchen klein schneiden, in wenig Öl anbraten und beiseitestellen (versuchen Sie, sich beim Naschen zurückzuhalten!).

2 Nehmen Sie den größten Topf, den Sie haben, denn Sie werden *alles* darin vermischen. Darin zerlassen Sie die Butter und geben die Zwiebel, den Knoblauch und den Sellerie dazu. Nur 5 Minuten anbraten, dann den gewürfelten Apfel hinzufügen und noch ein paar Minuten weiterbraten. Von der Flamme nehmen.

3 Die Rosinen abgießen und zusammen mit den Würstchen und den restlichen Zutaten in den großen Topf geben und sachte, aber gründlich vermischen. Abschmecken. Jetzt ist es an der Zeit, den *Vogel* zu holen!

TURKEY Pute

Wer eine Pute braten will, steht immer vor folgendem Dilemma: Soll man die Garzeit so berechnen, dass das helle Brustfleisch nicht ausgetrocknet ist? Oder so, dass auch das dunklere Fleisch an den Schenkeln gar ist? Hier kommt ein in Butter getränktes Stück T-Shirt zum Einsatz – klingt spannend, ist aber ganz einfach.

10 Portionen & hoffentlich Leftovers!

ZUTATEN

1 große, frische Pute, 5–6 kg
1 Bräter und 1 Rost, der in den Bräter passt
Dressiernadeln
Küchengarn
150 g weiche Butter
Salz und Pfeffer
ein Stück Baumwolle oder ein Stück T-Shirt, ca. 20 x 20 cm, in zerlassener Butter getränkt

BRÜHE (PUTENFOND)

Innereien, einschließlich Herz, Leber, Magen usw.
1 Zwiebel mit Schale
1 Karotte
1 Selleriestange
200 ml Rotwein
etwas Salz und einige Pfefferkörner
etwas Hühnerbrühe oder Bouillon zum Aufstocken des Fonds

BITTE BEACHTEN:

Die Pute alle 20 Minuten übergießen. Bitte die Zeiten notieren und genauestens einhalten! Rechnen Sie mit 30 Minuten Bratzeit pro Kilo gefüllte Pute.

1 Ofen auf 210 °C vorheizen. Schieben Sie den Bratrost auf die unterste Schiene, es sei denn, Sie haben einen riesigen Ofen.

2 Setzen Sie den Putenfond an, indem Sie die Innereien und das Gemüse anbraten. Wein dazugießen und einkochen lassen. Etwa 1 l Wasser hinzufügen, nach Geschmack salzen und pfeffern. Während der Garzeit leise köcheln lassen. Wenn nötig, mehr Wasser oder Bouillon dazugießen. Dies ist auch die Grundlage für Ihre Sauce.

3 Die Pute innen und außen mit kaltem Wasser waschen und anschließend trocken tupfen. Loses Fett entfernen. Den Vogel auf den Rücken legen und die Halsöffnung füllen. Die Haut am Halsansatz über die Öffnung ziehen und mit Metallnadeln verschließen. Die große Körperhöhle locker befüllen. Ich arbeite mich auch gern zwischen die Brust und die Haut vor und fülle den entstandenen Hohlraum. Wenn der Vogel voll ist, nähen Sie die Öffnung zu oder verschließen sie mit Dressiernadeln. Die übrige Füllung in eine bei Tisch präsentable Auflaufform geben. Mit Alufolie bedecken, bis es Zeit ist, sie aufzuwärmen.

4 Jetzt den Vogel mit Küchengarn zusammenschnüren. Dadurch wird der Vogel während des Garens zusammengehalten, und es ist viel leichter, ihn zum Tranchieren vom Rost zu heben: Klemmen Sie die Flügel unter die Brust und binden Sie die Unterschenkel mit Küchengarn lose zusammen. Legen Sie die Pute mit der Brust nach oben auf den Rost in den Bräter. Mit weicher Butter einreiben und mit Salz und frisch gemahlenem Pfeffer besprenkeln.

5 Rösten Sie die Pute 20 Minuten lang nackt. Nach den ersten 20 Min-uten senken Sie die Temperatur auf 180 °C und bedecken die Brust mit dem T-Shirt-Fetzen. Übergießen Sie den Vogel alle 20 Minuten *ohne Ausnahme!* Wenn Sie einen 5-kg-Vogel haben, wird er insgesamt 2,5 Stunden im Ofen verweilen.

6 Für die letzten 20 Minuten entfernen Sie das T-Shirt, um der ganzen Sache mehr Farbe zu verleihen. Der Vogel ist nach der empfohlenen Garzeit durch, wenn sich die Beine leicht im Gelenk bewegen lassen. Aus dem Ofen nehmen, vom Rost heben und auf eine Servierplatte legen, während Sie die Sauce zubereiten.

TURKEY GRAVY Bratensauce

10 Portionen

ZUTATEN
750 ml Putenfond (Seite 156), *heiß*
50 g Butter oder einige Esslöffel vom Putenfett aus dem Bräter
70 g Mehl
Innereien aus der Brühe, abgekühlt und fein gehackt (nur etwa 100 g davon verwenden)
Salz und Pfeffer nach Geschmack

1 Pute und Rost aus dem Bräter nehmen, beiseitestellen. Den Inhalt des Bräters in einen Messbecher gießen, sodass Sie sehen, wie sich das Fett von der Brühe trennt. (Es gibt auch Kännchen, die als Fettseparierer dienen, mit einer Tülle am Boden der Kanne. Das Fett steigt nach oben, sodass Sie die Brühe aus der Kanne gießen können.) Schöpfen Sie das Fett oben ab, um es für die Sauce zu verwenden. Versuchen Sie auf jeden Fall, soweit es möglich ist, das Fett aus dem Bräter zu verwenden *oder* eben die angegebene Menge Butter.

2 Das Fett in einem Topf erhitzen, der die gesamte Sauce aufnehmen kann (der Bräter ist hier das bevorzugte Gefäß). Wenn das Fett geschmolzen und heiß ist, rühren Sie das Mehl ein und garen es 2 Minuten lang, damit der Mehlgeschmack verschwindet.

3 Langsam die heiße Brühe zugießen, dabei ständig mit dem Schneebesen rühren, bis Sie die gewünschte Konsistenz erreicht haben. Es sollten sich *keine Klümpchen* bilden.

4 Jetzt die Mischung 2 Minuten über ziemlich hoher Flamme kochen, dabei immer mit dem Holzlöffel oder Schneebesen rühren. Abschmecken und die gehackten Innereien dazugeben. Über sehr kleiner Flamme warm halten.

MASHED POTATOES Kartoffelpüree

10 Portionen & hoffentlich Leftovers!

ZUTATEN
3 kg Kartoffeln
180 g Butter in Stücken
250 ml Milch, angewärmt
Salz
Pfeffer

CYNTHIAS TIPP
Verschiedene Kartoffelsorten kochen unterschiedlich und es ist schwierig, die genaue Menge Milch zu bestimmen. Verlassen Sie sich auf Ihr Urteilsvermögen.

1 Bevor Sie die Kartoffeln kochen, vergewissern Sie sich, dass alle Kartoffeln in Ihren Topf passen. Den Topf zu 2/3 mit Wasser füllen und zum Kochen aufsetzen.

2 Während Sie darauf warten, dass das Wasser kocht, schälen, waschen und vierteln Sie die Kartoffeln. Alle Stücke sollten ungefähr gleich groß sein. Wenn das Wasser kocht, die Kartoffeln dazugeben.

3 Nach 20 Minuten eine Kartoffel mit der Gabel anstechen. Sie sollte ohne Widerstand hindurch gleiten. Wenn die Kartoffel in der Mitte noch hart ist, weiterkochen und den Test alle paar Minuten wiederholen.

4 Wenn die Kartoffeln weich sind, abgießen und im Sieb abtropfen lassen. Den Kartoffelkochtopf zurück auf eine niedrige Flamme stellen und die Kartoffeln durch eine Kartoffelpresse drücken. Wenn etwa ein Drittel durchgedrückt ist, die Hälfte der Butter hinzufügen, etwas warme Milch und reichlich Salz und Pfeffer. Die restlichen Kartoffeln zerdrücken, die übrige Butter und so viel Milch dazugeben, dass Sie die gewünschte Cremigkeit erreichen. Essen Sie den Kartoffelbrei so schnell wie möglich. Sollten Sie ihn warm halten müssen, dann über wirklich niedriger Flamme. Wickeln Sie ein Geschirrtuch um den Topfdeckel, um die Kondensation aufzufangen. Nach ein paar Minuten die Wärmezufuhr stoppen, umrühren und bis zum Servieren zugedeckt lassen. Wenn Sie länger als 15 Minuten warten müssen, dann lieber ausschalten.

CRANBERRY SAUCE Cranberrysauce

10 Portionen

ZUTATEN
1,5 kg frische Cranberries
abgeriebene Schale von 3 Bio-Orangen
abgeriebene Schale von 1 Bio-Zitrone
600 g Zucker
375 ml frisch gepresster Orangensaft
Saft einer Zitrone
2 TL frischer Ingwer, gerieben

Früher habe ich Cranberry Sauce gehasst – bis ich anfing, meine eigene zu machen. Jetzt schmeckt sie sogar den Kindern! Sie ist säuerlich, aber auch ein wenig süß und durch die Zitrusschale und den Ingwer auch fruchtig – wow! Vergessen ist die Bitterkeit, die ich immer mit dieser Sauce in Verbindung brachte. Eine neue Freundin.

Alle Zutaten 4 Minuten lang kochen und keine Sekunde länger, fertig!
Ich verspreche Ihnen, die Sauce ist jetzt perfekt.
Auskühlen lassen, bevor Sie sie in eine hübsche Servierschüssel füllen.

SWEET POTATO CASSEROLE Süßkartoffelauflauf

10 Portionen

ZUTATEN
1,5 kg Süßkartoffeln (ersatzweise Yams aus dem afrikanischen Supermarkt)
1 Prise Salz
Saft und abgeriebene Schale einer Orange
2 TL frischer Ingwer, gerieben
3 TL Ahornsirup
1 EL Bourbon (nach Belieben)
250 g Sahne
30 g Butter

Süßkartoffeln sind ein Bestandteil der einheimischen amerikanischen (Ess-)Kultur. Ich nehme an, dass schon die Indianer sie aßen, jedenfalls stelle ich mir das gerne so vor. Ein großartiger Auflauf, wenn es darum geht, Menschen an die Süßkartoffel heranzuführen, und ein wunderbares Mitbringsel zu jedem Thanksgiving-Dinner.

1 Ofen auf 210 °C vorheizen. Eine Auflaufform (24 x 32 cm) bereitstellen. Hier geht es ums Schichten, also seien Sie vorgewarnt! Sie werden zwei Schichten Süßkartoffeln haben.

2 Die ungeschälten Kartoffeln kochen, bis sie gerade so durch sind, etwa 15 Minuten. Schälen und in 1 cm dicke Scheiben schneiden.

3 Eine Schicht Kartoffeln in die Form legen, mit Salz, Orangenschale und Ingwer bestreuen und mit Ahornsirup beträufeln, mit der zweiten Schicht ebenso verfahren. Mit dem Bourbon und der Sahne abrunden. Ein paar Butterbröckchen für eine schöne Glasur daraufsetzen.

4 20–25 Minuten backen, bis es golden blubbert.

PUMPKIN PECAN & DATE BARS

Kürbis-Pekan-Dattelschnitten

12–18 Stück

TROCKENE ZUTATEN
300 g Mehl
1 1/2 TL Backpulver
3/4 TL Zimt, 1/4 TL Muskat
1/4 TL gemahlene Nelken
1/2 TL Salz

250 g weiche Butter
150 g Zucker
1 TL Sirup (Grafschafter Goldsaft)
2 große Eier
abgeriebene Schale einer Bio-Orange
200–250 ml frisches Kürbispüree*, wirklich gut abgetropft (wenn in Eile, können Sie Kürbispüree aus dem Babygläschen verwenden!)
300 g Datteln, grob gehackt
50 g Mehl
150 g Pekannüsse, grob gehackt
Puderzucker zum Bestäuben

1 Ofen auf 185 °C vorheizen. Eine Backform (22 x 34 cm) ausbuttern und beiseitestellen. Zutaten abmessen und alle trockenen Zutaten zusammen in eine Schüssel sieben.

2 In einer weiteren Schüssel Butter mit Zucker und Sirup cremig rühren, nacheinander die Eier hinzufügen, Orangenschale dazugeben und das gründlich abgetropfte Kürbispüree sorgfältig unterrühren.

3 In einer kleinen Schüssel die Datteln mit 50 g Mehl vermischen. Trockene Zutaten und Gewürze zur Kürbismischung geben, langsam verschlagen, dann die Dattelmischung und die Nüsse unterheben. Rühren, bis der Teig gut vermischt, aber nicht zu sehr geschlagen ist.

4 Den Teig in die ausgebutterte Backform geben und 45 Minuten backen. Den Kuchen auf einem Gitter mehrere Stunden abkühlen lassen!

5 Mit Puderzucker bestäuben und in 12 oder 18 Quadrate schneiden.

*Frisches Kürbispüree: Einen Kürbis in kleine Stücke schneiden, schälen und in etwas Wasser weichkochen, etwa 20 Minuten. In einem Sieb gründlich abtropfen lassen. Zu einem glatten Brei pürieren. Achten Sie darauf, dass kein überschüssiges Wasser im Püree ist, sonst wird es mit Ihrem Kuchen nichts!

PUMPKIN MOUSSE Kürbismousse

12 großzügige Portionen

ZUTATEN
5 Eier (L)
100 g Zucker
1 TL Sirup (Grafschafter Goldsaft)
375 ml Milch, heiß
400 ml Kürbispüree *, gut abgetropft
1 TL Zimt
1 TL gemahlener Ingwer
1/4 TL Muskat
1/4 TL gemahlene Nelken
1 Prise Salz
1 kleiner Beutel Gelatine (1 1/2 EL), in 125 ml Apfelsaft aufgelöst
50 g Zucker
200 g Sahne, gut gekühlt
etwas leicht geschlagene Sahne zum Garnieren

1 Die Eier trennen. Zucker, Sirup und Eigelb in einem schweren, mittelgroßen Topf gut verschlagen. Langsam die heiße Milch hineinschlagen, gefolgt vom Kürbis, den Gewürzen und dem Salz. Diese Mischung mit einem Holzlöffel über kleiner Flamme so lange rühren, bis sie warm ist, etwa 8 Minuten. Die im Apfelsaft aufgelöste Gelatine untermischen und nochmals 2 Minuten lang erwärmen. Auf gar keinen Fall sollte die Mischung kochen! In eine große Schüssel umfüllen und diese Schüssel auf eine weitere, mit Eiswürfeln gefüllte Schüssel setzen, damit die Mischung schnell abkühlt, dabei die ganze Zeit rühren.

2 In der Zwischenzeit schlagen Sie das Eiweiß. Sobald sich leichte Spitzen bilden, lassen Sie den Zucker langsam hineinrieseln, während Sie immer weiterschlagen. Ein Viertel vom Eiweiß unter das Kürbispüree mischen, um es etwas aufzulockern, dann vorsichtig das übrige Eiweiß unterheben.

3 Die Sahne in einer anderen Schüssel steif schlagen. Die geschlagene Sahne unter die Kürbismischung heben. Ich richte jetzt schon gern die Mousse zum Servieren her: entweder in Kelchgläsern oder in hübschen Kaffeetassen. Abdecken und mindestens 5 Stunden oder bis zu einem Tag kalt stellen.

4 Bevor Sie die Mousse servieren, setzen Sie einen Klacks geschlagene Sahne auf jede Portion.

163

CHRISTMAS DINNER

Weihnachtsessen

Wir feiern Weihnachten nach amerikanischer Tradition am 25. Dezember. Zum Frühstück gibt es Candy Cane Breakfast Roll (das Rezept finden Sie in meinem Backbuch), dann öffnen wir die Geschenke und stopfen uns den ganzen Tag lang mit Köstlichkeiten voll. Die Feierlichkeiten gipfeln schließlich im Abendessen. Ich habe schon alles Mögliche fürs Weihnachtsessen ausprobiert: Pute (erinnert zu sehr an Thanksgiving vor vier Wochen), Roast Beef (nicht festlich genug) und Gans. Die Siegerin für das Christmas Dinner in unserer Familie ist die Gans. Wir lieben sie mit Backpflaumen und Foie gras gefüllt, dazu Serviettenknödel, Portweinsauce und ein einfacher, grüner Salat. Nach solch einem Mahl muss ein Dessert her, das einen von den Socken haut. Ich spreche von einem Schokoladenkuchen: warm und schmelzend.

Dieses Essen braucht einen ganzen Tag Planung und Vorbereitung, aber hey, was haben Sie denn Besseres zu tun, als sich an Ihren Geschenken und dem Duft der Dinge zu erfreuen, die da kommen!

STUFFING Füllung für die Gans

8–10 Portionen

FÜLLUNG
125 g Butter
2 kleine Zwiebeln, fein gehackt
3 kleine Stangen Sellerie, fein geschnitten
1 großer Apfel, geschält und gewürfelt
15 Scheiben oder 450 g Vollkorntoastbrot, zu Semmelbröseln gemahlen
1 TL Salz
Thymian
200 g vorgekochte Kastanien

BACKPFLAUMEN
30 g Butter
1 Schalotte, fein gehackt
die Gänseleber, fein gehackt
125 ml Portwein
Salz, Pfeffer
140 g Foie gras oder andere Gänse- oder Entenleberpastete
4 EL frische Brotkrumen
400 g entsteinte Backpflaumen

1 Die Butter in einem großen Topf zerlassen und Zwiebeln, Sellerie und Apfel über kleiner Flamme anbraten. Lassen Sie sie langsam braten, während Sie die Semmelbrösel machen und sie dann zusammen mit dem Salz, Thymian und den grob gehackten Kastanien in den Topf geben. Gut vermischen und von der Flamme nehmen.

2 In einer schweren Bratpfanne die Schalotte in Butter anbraten, die Leber dazugeben, ein wenig salzen und weiterbraten, bis sie gar ist. Diese Mixtur in eine Rührschüssel kratzen.

3 Den Portwein in der Bratpfanne einkochen lassen, bis nur noch 1 EL übrig ist, und dann in die Rührschüssel geben.

4 Die Leberpastete und die Brotkrumen hinzufügen und vermengen. Die Küchenmaschine leistet hier gute Dienste.

5 Jede Backpflaume mit einem halben Teelöffel dieser Mixtur stopfen und sachte die Backpflaumen unter die Semmelbrösel/Apfelmischung geben – vorsichtig, damit die Backpflaumen nicht aufbrechen, wenn sie an die Füllung kommen.

CHRISTMAS GOOSE Weihnachtsgans

Keine Angst vor der Gans und ihrem Fett. Wir werden den Vogel stopfen, seine Haut anstechen, ihn dämpfen und dann die Haut bräunen. So verwandelt er sich in einen perfekt schmeckenden, fettarmen Vogel. Sie brauchen dazu das Rezept für die Füllung (Seite 165), Dressiernadeln und einen Bräter mit Rost, der groß genug ist, dem Vogel und viel Alufolie Platz zu bieten. Und natürlich Sauce und Knödel (Seite 169).

8–10 Portionen
Garzeit ca. 3 Stunden

ZUTATEN
1 Gans (ca. 7 kg, mit Innereien),
  möglichst freilaufend oder aus Öko-
  Aufzucht
750 ml Rot- oder Weißwein oder
  Wasser

SAUCE
50 g Mehl
125 ml Portwein
500 ml Gänsefond
Salz und Pfeffer

SAUCE
Lassen Sie mehrere Löffel Fett auf dem Boden des Bräters aus. 50 g Mehl einrühren und etwa 2 Minuten garen lassen. Langsam den Portwein und den heißen Fond hineinrühren und 2 Minuten über ziemlich hoher Flamme kochen. Großzügig salzen und pfeffern. Und fertig.

TRANCHIEREN DER GANS
Beginnen Sie bei den Beinen, gefolgt von den Flügeln. An der Brust entlangschneiden, an der Seite, die Ihnen am nächsten ist, recht ordentliche 1 cm dicke Scheiben.

1 Zunächst einmal alles Fett aus der Körperöffnung der Gans entfernen. Die Innereien für den Fond der Portweinsauce aufheben.

2 Die Füllung mit den Händen sanft durchmischen, um die Backpflaumen einzubinden. Die Gans mit der Brust nach unten hinlegen und das hintere Ende der Gans locker füllen. Entweder zunähen oder mit einer Dressiernadel verschließen. Den Vogel nicht überfüllen!

3 Die Gans senkrecht hinstellen und die Körperöffnung mit der restlichen Füllung füllen. Entweder zunähen oder mit Nadeln sichern.

4 Den Vogel mit dem Rücken nach unten auf die Arbeitsfläche legen und rundum die Haut mit einer Nadel (z. B. Dressiernadel) anpiksen, besonders die Brust, dabei aber nicht zu tief ins Fleisch stechen. Die Gans mit Küchengarn zusammenschnüren, so dass Flügel und Beine eng am Körper anliegen.

5 Die Gans mit dem Rücken nach unten auf dem Bratrost im Bräter platzieren. 3–4 cm Wasser hinzufügen, den Bräter dicht mit Alufolie verschließen, zum Kochen bringen und die Gans etwa 1 Stunde auf

dem Herd dämpfen. Nach einer halben Stunde nachsehen, ob noch genug Wasser im Bräter ist. Den Ofen auf 180 °C vorheizen.

6 In der Zwischenzeit den Gänsefond vorbereiten (s. S. 156 Putenfond). Ungefähr 2 Stunden köcheln lassen, abgießen, und Sie haben den Grundstock für Ihre Sauce, etwa 500 ml.

7 Jetzt die Gans aus dem Bräter nehmen (aber die Folie aufheben), allen Saft abgießen und noch einmal anfangen. Den Rost in den Bräter setzen, gefolgt von der Gans mit der Brust nach unten. 750 ml Wein oder Wasser angießen, den Bräter mit Folie fest verschließen und etwa 1,5 Stunden im Ofen braten.

8 Den Bräter aus dem Ofen nehmen, alle Folie entfernen, die Gans umdrehen (die Brust zeigt jetzt nach oben), mit Flüssigkeit aus dem Bräter übergießen und für etwa 30 Minuten zurück in den Ofen schieben, damit die Haut etwas Farbe annimmt. Wenn die Unterschenkel sich zart anfühlen, ist die Gans durch. Braten Sie sie ruhig noch 15 Minuten weiter, wenn Sie sich nicht sicher sind. Wenn Sie sicher sind, legen Sie die Gans auf eine Servierplatte oder Schneidebrett, während Sie die Sauce zubereiten.

DUMPLINGS Serviettenknödel

Die besten Knödel meines Lebens habe ich in Wien gegessen, als ich einmal vor vielen Jahren dort auftrat. Ich hatte zuvor noch nie Knödel gegessen und war sehr beeindruckt von ihrer Konsistenz und ihrem Geschmack. Hier meine Ode an die Knödel.

8–10 Portionen

ZUTATEN
1 EL Butter
1 kleine Zwiebel, fein gehackt
1 Baguette vom Vortag, in 2 cm große Würfel geschnitten
2 EL Mehl
160 ml Milch, warm
4 Eier
2 Zweige Petersilie, fein gehackt
etwas frischer Salbei, fein gehackt
Salz, Pfeffer und Muskat nach Geschmack
Muskat nach Geschmack

1 Die Butter in einer schweren Bratpfanne zerlassen und die Zwiebel anbraten, bis sie glasig ist. Vom Herd nehmen und abkühlen lassen. Die Baguettewürfel, die Zwiebel und das Mehl in eine Schüssel geben. Die warme Milch über das Baguette gießen. Die Eier hinzufügen und vermischen. Petersilie und Salbei untermengen, mit Salz, Pfeffer und Muskat abschmecken. Die Schüssel mit einem feuchten Tuch zudecken und 20 Minuten ruhen lassen.

2 Gesalzenes Wasser in einem großen Topf zum Köcheln bringen. Ein feuchtes Geschirrtuch aus Leinen auf eine flache Arbeitsfläche legen und zwei 10 cm lange Stücke Küchengarn zurechtschneiden. Die Baguettemixtur auf die untere Hälfte des Tuchs legen, jeweils unten und an den Seitenrändern 5 cm frei lassen. Das Tuch fest um die Brotmischung wickeln, um eine feste, kompakte, wurstähnliche Form zu erreichen. Die Enden des Tuchs eindrehen und zubinden.

3 Den Knödel 15 Minuten sanft pochieren, mit einem Zahnstocher hineinpiksen, um den Gartest zu machen. Mit einem Schaumlöffel den Knödel vorsichtig aus dem heißen Wasser heben und auf einem Gitter abtropfen lassen. Zum Abkühlen beiseitestellen und das Tuch entfernen.

4 Die Enden des Knödels begradigen. In 2 cm dicke Scheiben schneiden und, wenn Sie wollen, leicht in Butter anbraten, bis sie goldfarben sind, oder einfach so servieren.

WARM & RUNNY CHOCOLATE CAKE

Warmer Schokoladenkuchen (ohne Mehl)

Wie ich schon sagte, das ist endlich der Kuchen Ihrer Träume: leicht zu backen, leicht zu verspeisen und obendrein immer ein Publikumserfolg! Träumen Sie weiter ...

ZUTATEN

180 g Butter
200 g Zartbitterschokolade
1 TL Instant-Espressopulver, nach Belieben
1 Prise Salz, nach Belieben
4 Eier, getrennt
200 g Zucker

1 Ofen auf 180 °C vorheizen. Eine Springform (ø 24 cm) ausbuttern und beiseitestellen.

2 Butter und Schokolade (und wer mag, mit dem Espressopulver und Salz) in einem Wasserbad oder vorsichtig in der Mikrowelle schmelzen. Etwas abkühlen lassen.

3 Eidotter mit 100 g Zucker verschlagen, bis sich ein cremiges Band bildet. Die Schokoladen/Buttermischung dazugeben.

4 In einer anderen Schüssel mit einem Handmixer das Eiweiß schlagen (ganz ohne Eigelb und jeglichem Fett!). Wenn es anfängt, steif zu werden, allmählich den restlichen Zucker hineinrieseln lassen, bis sich steife Spitzen bilden.

5 Ein Drittel der Eiweißmasse unter die Schokolade heben, um sie aufzulockern. Sachte den Rest unterheben, aber *nicht zu stark mischen!*

6 Den Teig in die vorbereitete Form füllen und etwa 35 Minuten backen. Warm essen. Wenn Sie diesen Kuchen nach dem Weihnachtsessen servieren möchten und es Ihnen möglich ist, backen Sie ihn nach der Gans. Sie werden es nicht bereuen! Er geht schnell und leicht und schmeckt warm hervorragend. Sollte das nicht möglich sein, backen Sie den Kuchen früher am Tag, kurz bevor Sie die Gans in den Ofen schieben.

REGISTER

AMERIKANISCHE REZEPTNAMEN

A

A Stunning Salad with Vinaigrette 73
Ambrosia 82
Angel Food Cake 27
Apple and Rhubarb Crumble 98

B

Baked Cheese Nachos with Sour Cream Dip 30
Baked Fried Chicken 145
Baked Tomato and Cheese Dip 45
Beef Stew 64
Bellinis 51
Blue Cheese Dip 21
Bread Pudding 46
Breadsticks 44

C

Caponata 22
Charosset 102, 103
Chicken Cacciatore 79
Chocolate Cake 170
Chocolate Covered Strawberries 61
Chocolate Glob Brownies 124
Christmas Goose 166
Cobbler 141
Cocktail Nuts 42
Coleslaw 137
Cosmo Champagner Cocktail 39
Cranberry Sauce 160
Creamed Porcini Soup 63
Crisp 25
Crostini with Tasty Toppings 76
Crudités with Dip 43
Cynthia's Favorite BBQ Sauce 130
Cynthia's Oreo Cookies 37
Cynthia's Turkey Stuffing 155

D

Dates to Die for 40
Dried Tomato and Herb Spread 21
Dumplings 169

E

Easter Lamb Stew 97

F

Figs with Mascarpone and Honey 56
Fish Marinade 133

G

Gefilte Fish Terrine 107
Goat Cheese Popovers 93
Granola Cookies with Vanilla Ice Cream 89
Grilled Bread 138
Guacamole 33

H

Harry's Bar Rolls 18
Horseradish Sauce 107

K

Kugel 111

L

Lachs Spread 21
Lemon Sponge Cake 112

M

Maple Walnut Muffins 60
Marinated Beef 129
Mashed Potatoes 159
Matzo Ball Soup 104
Meatloaf 121
Mignonette-Sauce 52
Mother's Day Fruit Salad 117
Mousse au Chocolat 68

O

Oreo-Cookies 37
Oysters 52

P

Pan Bagna 150
Pasta Salad 146
Pastrami and Eggs 59
Pea Soup 94
Pear and Apple Kugel 111
Pear Salad 85
Piggies in a Blanket 34
Polenta 81
Potato and Caviar Parfaits 55
Potato Salad, Boiled 134
Potato Salad, Roasted 134
Pumpkin Mousse 163
Pumpkin Pecan & Date Bars 162

R

Raspberry and Orange Mimosas 17
Red Wine Beef Stew 64
Rice Krispie Treats 24
Risotto Salad 149
Rosemary Breadsticks 44
Rosemary Polenta 81

S

Salad Variations 75
Salade Composé 123
Salsa 33
Sauce Crème Anglaise 24
Scalloped Potatoes 122
Scrambled Eggs and Bacon and Maybe Some Toast 118
Skinny Little Green Beans 67
Smoked Trout Spread 21
Spaghetti and Meatballs 86
Spicy Cocktail Nuts 41
Spreads 21

Strawberry Shortcake 142
Stuffing 165
Sweet Potato Casserole 161

T

Three Spreads 21
Tomato and Cheese Dip 45
Turkey 156
Turkey Gravy 158

V

Veal Stew with Wild Mushrooms 108

W

Warm & Runny Chocolate Cake 170

DEUTSCHE REZEPTNAMEN

A

Ahorn-Walnuss-Muffins 60
Ambrosia 82
Apfel-Rhabarber-Streusel 98
Aufstrich mit getrockneten Tomaten und Kräutern 21
Aufstriche 21
Austern 52

B

Backhähnchen 145
Beeren-Dessert 141
Bellinis 51
Birnen-Apfel-Kugel 111
Birnensalat 85
Blauschimmelkäse-Dip 21
Bohnen, dünne, kleine grüne 67
Bratensauce 158
Brot, gegrilltes 138
Brötchen aus Harry's Bar 18
Brotpudding mit Crème Anglaise 46

Brotstangen 44
Brownies für Schokoladensüchtige 124

C

Caponata 22
Charosset aus Italien, gekocht 103
Charosset, persisch, ungekocht 102
Cocktailnüsse, würzige 41
Cosmo-Champagner-Cocktail 39
Cranberrysauce 160
Crème Anglaise 46
Cremige Steinpilzsuppe 63
Cremiges Dressing 137
Crostini mit Leckereien 76
Cynthias Lieblings-BBQ-Sauce 130
Cynthias Oreo-Cookies 37
Cynthias Truthahn-Füllung 155

D

Datteln zum Niederknien 40
Drei Aufstriche 21
Dressing, cremiges 137
Dünne, kleine grüne Bohnen 67

E

Engelsbiskuit 27
Erbsencremesuppe mit frischer Minze 94
Erdbeeren mit Schokoladenüberzug 61
Erdbeer-Küchlein 142

F

Falscher Hase 121
Feigen mit Mascarpone und Honig 56
Forellencreme 21
Frosting, 7-Minuten- 39
Füllung für die Gans 165

G

Gefillte-Fisch-Terrine 107
Gegrilltes Brot 138

Gemüse mit Dip 43
Gewürzmischung, kreolische 19
Gremolata 108
Grissini 44
Guacamole 33

H

Himbeer-Orangen-Mimosas 17
Hühnchen auf Jägerart 79

J

Joghurtdressing 117

K

Kalbsragout mit Waldpilzen 108
Kartoffelgratin 122
Kartoffel-Kaviar-Parfait in Martinigläsern 55
Kartoffelpüree 159
Kartoffelsalat, gebacken 134
Kartoffelsalat, gekocht 134
Käse-Nachos mit Sauerrahm-Dip, überbackene 30
Krautsalat 137
Kreolische Gewürzmischung 19
Kürbis-Pekan-Dattelschnitten 162
Kürbismousse 163

L

Lachscreme 21

M

Marinade 129, 133
Marinade für Fisch 133
Marinade für Rindfleisch 129
Mariniertes Rindfleisch 129
Matzeknödel, sehr fluffig 104
Matzeknödel-Suppe 104
Meerrettichsauce 107
Mignonette-Sauce 52
Mousse au Chocolat 68
Müslikekse mit Vanilleeis 89

N
Nudelsalat 146

O
Obstsalat zum Muttertag 117
Obststreusel ohne Boden 25
Oreo-Cookies 37
Osterlammeintopf 97

P
Pastrami und Eier 59
Polenta 81
Pute 156

R
Rice-Krispie-Kekse 24
Rinderragout 64
Rindfleisch, mariniertes 129
Risottosalat 149
Rosmarin-Brotstangen 44
Rosmarin-Polenta 81
Rotwein-Rinderragout 64
Rührei mit Speck und vielleicht ein bisschen Toast 118

S
Salat mit Vinaigrette 73
Salatkomposition 123
Salatvariationen 75
Salsa 33
Saucen zu Austern 52
Sauerrahm-Dip 30
Schoko-Brownies 124
Schokoladenkuchen (ohne Mehl), warmer 170
Schokoladenmousse 68
Schweinchen im Schlafrock 34
Serviettenknödel 169
Sesam-Soja-Dressing 137
Spaghetti mit Fleischklößchen 86
Steinpilzsuppe, cremige 63
Süßkartoffelauflauf 161

T
Thunfischsandwich mediterran 150
Tomaten-Käse-Dip 45
Truthahn-Füllung 155

U
Überbackene Käse-Nachos mit Sauerrahm-Dip 30

W
Warmer Schokoladenkuchen (ohne Mehl) 170
Weihnachtsgans 166
Würzige Cocktailnüsse 41

Z
Ziegenkäseküchlein 93
Zitronen-Orangen-Kuchen, leicht & luftig 112

MEHR VON CYNTHIA BARCOMI

ISBN 978-3-442-39118-9

Muffins, Cookies, Bagels & Co. – die besten Rezepte, die garantiert gelingen. Von den klassischen Chocolate Chip Cookies bis zum legendären Carrot Cake: süße Leckereien und deftige Köstlichkeiten aus Cynthia Barcomis Backstube.

Danke

Ich möchte den vielen Menschen danken, die an der Verwirklichung dieses zweiten Buches beteiligt waren: mein Ehemann Harvey und meine Kinder Esmé, Coco, Jaeger und Savoy – die besten Testesser der Welt, die mindestens zehn verschiedene Baked-Fried-Chicken-Rezepte probiert haben, ohne sich jemals darüber zu beklagen. Ich möchte mich außerdem bei meiner Agentin, Rebekka Göpfert, bedanken, deren Esprit und Anleitung immer für eine fruchtbare Arbeitssitzung sorgten. Mein Dank gilt auch Maja Smend, Christiane Wenzel, Anja Laukemper und Paul Schirnhofer für ihre Kreativität und sorgfältige Arbeit. Ich bin darüber hinaus in der glücklichen Lage mit einer fabelhaften Übersetzerin, Lisa Shoemaker, zusammenzuarbeiten, der ich dafür danken möchte, dass sie mein Englisch in gutes Deutsch übertragen und dabei meinen Humor genau eingefangen hat. Nicht zuletzt geht mein Dank an Monika König und Cornelia Hanke bei Random House für ihre harte Arbeit und ihre Unterstützung, ohne die dieses Projekt nicht zu realisieren gewesen wäre. Und ich muss Lemony erwähnen, die Katze, die meinen Schoß warmhielt in den frühen Morgenstunden, während alle anderen noch schliefen – *wir* haben dieses Buch geschrieben.